U0463853

数智文旅丛书

- 国家重点研发计划"科技助力经济2020"重点专项
  （编号：SQ2020YFF0426296）
- 四川省文化和旅游厅"智游天府"项目
- 四川大学研究生培养创新改革项目"旅游大数据专业
  学位研究生实践基地"（编号：GSJDJS2020004）

数字文旅探索

——"智游天府"的创新与实践

主 编 / 周道华 李志勇
副主编 / 彭 容 喻志成
　　　　 梁 东 周相兵
　　　　 洪 江

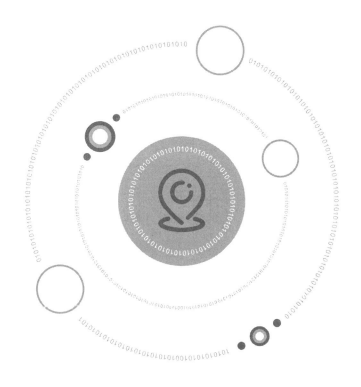

四川大学出版社
SICHUAN UNIVERSITY PRESS

图书在版编目（CIP）数据

数字文旅探索："智游天府"的创新与实践 / 周道华，李志勇主编. -- 成都：四川大学出版社，2024.7
ISBN 978-7-5690-6348-6

Ⅰ．①数… Ⅱ．①周… ②李… Ⅲ．①数字技术－应用－文化产业－产业发展－研究－四川②数字技术－应用－体育产业－产业发展－研究－四川 Ⅳ．① G127.71-39 ② F592.771-39

中国国家版本馆 CIP 数据核字 (2023) 第 181695 号

书　　名：数字文旅探索——"智游天府"的创新与实践
　　　　　Shuzi Wenlü Tansuo——"Zhiyou Tianfu" de Chuangxin yu Shijian
主　　编：周道华　李志勇

选题策划：梁　平
责任编辑：梁　平
责任校对：李　梅
装帧设计：裴菊红
责任印制：王　炜

出版发行：四川大学出版社有限责任公司
　　　　　地址：成都市一环路南一段 24 号（610065）
　　　　　电话：(028) 85408311（发行部）、85400276（总编室）
　　　　　电子邮箱：scupress@vip.163.com
　　　　　网址：https://press.scu.edu.cn
印前制作：四川胜翔数码印务设计有限公司
印刷装订：成都市新都华兴印务有限公司

成品尺寸：170mm×240mm
印　　张：15.75
字　　数：249 千字

版　　次：2024 年 8 月 第 1 版
印　　次：2024 年 8 月 第 1 次印刷
定　　价：68.00 元

本社图书如有印装质量问题，请联系发行部调换

扫码获取数字资源

四川大学出版社
微信公众号

编委会

序 一

数字经济，作为一种基于数据资源的经济活动形式，已经从一种新兴经济蜕变为全球经济创新的主导力量。大数据、云计算、人工智能、物联网和区块链等技术交织共舞，正引领数字经济步入全面融合与深度集聚的新阶段。我国数字经济规模现已跃居全球第二，其生态系统特性日益明显：多主体参与市场竞合，线上线下融合成为常态，跨行业、跨地域的竞争愈演愈烈。然而，数字化转型在各产业链中的渗透程度仍显失衡、不足且不够深入，生产服务、商业模式、金融服务等多元利益主体间的协作尚待加强，现行网络安全及个人信息保护面临挑战。破解上述问题，亟需构建起一个安全、可靠、繁荣的数字生态系统。

安全是发展的前提，发展是安全的保障。在数字时代，营造健康良好的数字生态，必须坚持安全和发展并重的原则。党的十八大以来，以习近平同志为核心的党中央高度重视数字生态建设。"十四五"规划及2035年远景目标纲要对其进行了重大部署，明确指出要"构建数字规则体系，营造开放、健康、安全的数字生态"，确立了数字生态建设的目标框架、主攻方向和关键任务。

文化和旅游丰富多元的业态内涵与产业格局决定了其数字化转型需要从生态体系构建的视角寻求着力点。在文旅融合发展的战略背景下，数字文旅生态体系的构建不仅是技术层面的迭代升级，更是一场关乎网络信息安全的深度考验。面对我国文旅产业向高质量发展阶段迈进的关键节点，政府与企业需要思考：如何强化政府的信息安全监管职能和公共服务能力？如何运用新兴信息技术为公众提供安全、优质的文旅产品？如何保障文旅产业链上下游在数字化管理、服务和营销体系中实现高效协同？这些都是文旅产业借力数字化转型实现高质量发展所必须解答的问题。

"智游天府"文化和旅游公共服务平台正是四川省在数字文旅生态体系建设中勇立潮头的生动实践。坐拥深厚文化底蕴与丰富旅游资源的四川省，为数字文旅产业的发展孕育了得天独厚的沃土。面对势不可挡的数字化浪潮，四川省勇担文旅产业数字化转型与创新探路者的角色，先后出台《关于推动全省文旅新型基础设施建设的通知》《四川省加快"智游天府"全省文化和旅游公共服务平台建设实施方案》等政策文件，从省级层面强势推动全省文旅产业数字化转型升级，深度推进数字文旅标准化建设，完善标准化体系，为数字文旅产业的发展夯基固本。

尤为可喜的是，"智游天府"文化和旅游公共服务平台在网络信息安全保障方面进行了积极探索与卓有成效的努力。为确保平台安全、稳定运营，四川省文化和旅游厅携手相关科技企业、行业协会学会、高等院校与科研单位，联合发布了《文化和旅游信息化建设规范总则》《文化和旅游数据交换规范》等一系列基础类与建设类标准。这些标准的制定与实施，既为平台的安全稳定提供了有力保障，也为平台的长远发展奠定了坚实的基石。

"智游天府"文化和旅游公共服务平台在构建安全、可靠的数字文旅生态系统方面，为我们揭示了一个充满可能性的崭新图景。未来的文旅产业，不应是封闭的孤岛，而应是一个开放、互联、创新、包容的数字生态系统。这个生态中，政府、企业、公众等多方参与者共享资源、共创价值、共建生态，共同维护数字文旅生态系统的安全与稳定，为文旅产业的可持续与高质量发展注入强大动能。

《数字文旅探索——"智游天府"的创新与实践》一书深度聚焦数字

文旅生态体系建设与运营的要义。全书以数字文旅生态理论为核心，系统梳理与展示了"智游天府"文化和旅游公共服务平台建设与运营的丰富实践经验，兼具理论深度、前瞻视野与实践指导价值。书中基础篇、实践篇与展望篇三部分层层递进、环环相扣，既深入浅出地解读了"智游天府"文化和旅游公共服务平台的组织架构、应用场景与运营机制，又对数字文旅生态体系的构建与保障进行了系统梳理与深度剖析。难能可贵的是，全书始终秉持网络信息安全与数字化转型并重的理念，为全国广大政企提供了安全、有序进行数字化转型的范例与路径。作为"智游天府"文化和旅游公共服务平台的承建方，成都中科大旗软件股份有限公司在书中分享了其数字文旅领域深耕多年总结的理论积淀与实战经验，特别是构建安全、可持续数字文旅生态的"四川经验"，可为全国其他地区文旅产业提供极具参考价值的借鉴。

文化和旅游产业的数字化转型是一个久久为功的过程，而非应时之举，需汇聚各方之力，持之以恒地推进。数字文旅生态体系的构建，既是数字化转型的大势所趋，也是当前文旅产业迈向高质量发展、构建新发展格局的必然选择，其对文旅产业的治理与运行的影响深刻而长远。同时，数字化转型过程中海量数据的流动与信息交换，对防范与应对网络安全、数据安全风险提出了严峻挑战。因此，在建设数字文旅生态体系的过程中，务必坚守安全和发展并重的原则。衷心期待本书能得到广大读者的广泛关注与深度共鸣，让我们共同探索数字技术赋予文旅产业的革新力量与广阔机遇，为构筑更加安全、稳定、可持续的数字文旅生态体系贡献智慧与力量。

序 二

　　毋庸置疑，当今世界正面临百年未有之大变局。这不仅是由于全球政治和经济格局正在发生着错综复杂的重大变化，也是基于新的科技浪潮正以史无前例的模式冲击改变着生产和生活形态。新的科技革命浪潮催生了诸多新产业和新业态，对世界经济产生了重大而深远的影响，并且直接左右着全球化进程和世界政治格局。

　　科技创新的突飞猛进，为经济社会的发展注入了强劲的动力。环顾全球社会经济发展，一方面，实体经济的发展依然举步维艰；另一方面，支撑数字经济的科技发展如日中天，数字经济以及实体经济的数字化提升异军突起，彰显了科技创新支撑下数字化转型的强大生命力。

　　数字经济与实体经济的融合，推动实体经济向数字化转型。"产业数字化、数字产业化"近年发展势头十分迅猛，千行百业的数字化转型，正是这一趋势的具体体现。文化和旅游业的数字化转型也是如此，作为高质量发展的重要途径，体系化的创新、探索和实践进行得如火如荼。

　　推动文化和旅游业数字化转型的首要动因是适应服务于社会发展和经济发展的新形势、新要求、新形态。社会化服务的主要特点是对大规模用户实现精准化服务，因而服务的确定性与自动化都是毋庸置疑的。只有实现数字化转型才能适应这种大规模精准服务的需求。同样，精细化管理是由粗放经济转向集约经济的唯一道路。站在传统经济的角度看，精准化服务和精细化管理，对于充满不确定性的社会化服务来说，始终是个难以量化的难题。

信息论创始人克劳德·艾尔伍德·香农说过，"信息是用来减少随机不确定性的东西，信息的价值是确定性的增加"，而确定性是实现精细化管理和精准化服务的充分必要条件。这个确定性的过程，对于文化和旅游业来说，就是数字技术被广泛使用并由此带来了整个经济环境和经济活动的根本变化。由此我们也可以认为，其目标是形成一个叫作数字经济的经济系统。

目标和现实之间，通常都可以认为是一个庞大且没有边界的开阔地。而对于现实中的实体经济和目标中的数字经济来说，这个庞大且没有边界的开阔地，就是数字经济与实体经济的融合。

数字经济与实体经济的融合，就是运用数字技术对传统的实体经济进行智能化改造，包括转换动能、节约人力物力资源能源、变革生产模式、创新经营管理方式、提高综合效率、扩大经营成果等。在数字经济与实体经济融合中，还伴随着观念、体制、技术、基建等方面的数字化转型。

作序，除了先睹为快，更是一个学习的过程。本书的编撰恰处数字化转型，特别是文化和旅游业数字化发展的炽热期和迷茫期，这是一个创新性理论和变革性实践交织互进的时代。本书立足于"智游天府"文化和旅游公共服务平台的创新实践，书中的基础篇、实践篇和展望篇，浓缩了一线实践、理论提升和迭代发展三个重要部分，环环相接，相互支撑，构建了一个数字化应用案例的全过程。编者敏锐捕捉到当今文化和旅游数字化发展理论与实践相互支撑、相互促进、相互完善、相互成就的发展本质，从智慧理念、产业症结和融合创新等维度进行了阐述和分析。本书是一部既有普适性又有针对性的文化和旅游数字化发展参考书。

在认识世界和改造世界的过程中，理论与实践的关系问题，早已成为哲学的金科玉律。但面对新的科技创新、新的社会形态和新的产业模式，理论指导针对性不足、实践活动覆盖率不够的问题尖锐且突出。理论对实践提供引领，这是宏观上源自天成的时序步骤，但在微观实践中，一些理论却往往难以直接应用，如同一座难以逾越的大山。实际上，在社会发展中，这样的问题并不是绝无仅有的，我们熟知的摸着石头过河，就是在社会发展理论和实践断层中的一种有效方式。同样我们也可以在数字化发展的理论和实践中，植入一个时效化的中间层，它是得到公认的实践性理论的一部分，也是实践性活动的预构理论，我们可以把它称为理念。在这里我们不妨把文化和旅游数字化这个理念大致分为三个分支，分别为基础理念、环境理念和发展理念。本书的理论和实践，涉及的主要是发展理念，这也是行业发展的重点领域，是当下值得探索、值得研究、值得提升的重点方向。

产业数字化和数字产业化，发展的大趋势已经形成。数字经济发展速度之快、辐射范围之广、影响程度之深前所未有，赋予了经济社会发展"新领域、新赛道、新动能、新优势"。而文化和旅游业数字化也将成为未来经济社会发展的一个新动力和新空间。

很高兴在近期越来越多地看到文化和旅游业数字化从理论到实践得到社会的广泛关注和重视。更为可喜的是此书的编写团队包括曾承担国家重点研发计划"科技助力经济2020"重点专项项目的一家文化和旅游数字化企业的人员，他们有比较丰富的产业数字化经验。本书从一线实践到理论升华，记录的不仅是一个企业的迭代升级，也颇能显露出文化和旅游数字化企业的整体成熟。由此可以想象，文化和旅游业数字化发展应当会较快地从表面的热潮逐步转变为综合效能，良性循环的格局正在逐步形成。

前　　言

在这个云计算、大数据、物联网、移动互联网、人工智能等数字技术加速创新的时代，依托数字技术产业化而诞生的"数字经济"已经是人们熟知的热词。在当前日趋激烈的国际竞争中，数字经济已成为各国抢占世界科技革命和产业变革制高点的主战场。我国正处于构建新发展格局、推动高质量发展的关键时期，大力发展数字经济有利于加速社会资源要素流动与市场主体融合，是经济结构优化和产业转型的重要引擎。

伴随着数字经济在我国的蓬勃发展，国家各部委、各级地方政府陆续发布了相关政策，推动我国文旅产业数字化、网络化、智能化转型升级。新型冠状病毒感染疫情让文旅产业经济遭受重创，然而新型数字技术却在文旅产业中广泛应用，大量数字文旅新产品和新业态逆势发展，如数字营地、智慧研学旅游、云旅游、VR/AR"沉浸式"体验、线上展演等文旅新产品、新业态层出不穷。

然而，我们必须充分认识到，"小、散、乱、弱"依然是我国文旅产业和数字文旅领域的基本特征。如果仅仅将新技术、新产品、新设备应用到文旅产业，实现"文旅＋科技"的浅层次的叠加，并不能系统和全面地解决文旅产业转型升级的难题。若只是盲目跟风、生搬硬套数字化技术，"头疼医头、脚疼医脚"，那么文旅产业的数字化转型只会停留于一些表面的应用，解决不了产业发展面临的复杂问题，难以实现文旅产业与科技的深度融合。

作为一个庞大的复杂系统，文旅产业的转型升级必须立足于当前文旅产业的基本结构与普遍特征，建立融合业务、技术、数据和组织的数字文旅生态体系，实现跨行业、跨地域、跨层级的业务协同与资源共享。可喜的是，国家"十三五"规划实施以来，我国数字经济实现了跨越式发展，在一系列政策的支持与推动下，全国开启了数字文旅建设的浪潮。为了加快文旅产业数字化转型，四川省较早就开始了数字文旅的理论体系研究，并将数字文旅生态理论付诸"智游天府"文化和旅游公共服务平台（以下简称"智游天府"或平台）的建设实践。

四川省文化和旅游厅以服务大众和游客需求为切入点，以打造四川数字文旅生态体系为核心，于 2019 年 10 月启动了"智游天府"建设。"智游天府"在借鉴云南、上海、贵州、重庆、浙江等地区文旅数字化建设经验的基础上，形成了一套符合四川文旅特色的完整的规划、投资、建设和运营思路，致力于推动四川省级文化和旅游政务服务平台的提档升级和高质量发展，旨在为四川文旅数字化建设开辟新路径，也为其他省份进一步推动文旅数字化建设提供示范样本。

"智游天府"由成都中科大旗软件股份有限公司承建，自 2020 年 9 月 25 日上线运行以来，为四川省文旅产业数字化创新发展提供了良好助力。"智游天府"以"数字产业化、产业数字化、数字化治理"为主线，以"数字文旅生态论"为理论基础，以"管用、实用、好用"为原则，按照"一中心、三板块"的顶层规划，开展了四川文旅大数据中心、综合管理板块、宣传推广板块和公众服务板块的建设。基于"云＋中台＋应用"的设计理念，构建了一个面向政府、企业、公众，纵贯省、市（州）、县（市、区）及文化旅游相关产业群体的一站式服务开放性平台，形成了四川文旅行业"一张网"，实现了建设四川"文旅服务的总入口、文旅管理的总枢纽（大脑）、文旅宣传的总展馆、文旅产销的总平台"的"四总"目标。平台的建设与运营大大促进了四川省文旅深度融合与创新发展，打造了四川文旅数字经济生态的新引擎。

经过近三年的持续建设、运营与升级，"智游天府"已经成为融合海量数据的"文旅大数据中心"，是解决政府监管难题的"综合管理"新助手，也是便民惠民的文旅"公共服务"新平台，同时成为助企引流的"宣传推广"新渠道。"智游天府"的数字化赋能效益得到充分彰显，实现了四川省文旅数据互联共享，显著提升了全省文旅产业智慧管理水平，推动文旅宣传推广新媒体矩阵不断升级、数字文旅生态体系持续完善。目前，"智游天府"已经纳入《国家数字经济创新发展试创区（四川省 2021 年重点工作任务清单）》，并入选文旅部"2022 年文化和旅游数字化创新实践优秀案例"，充分彰显了数字文旅领域的"四川功夫"。

为了将四川数字文旅建设新的理论成果与建设实践经验进行归纳总结，并向全省乃至全国文旅行业推广，成都中科大旗软件股份有限公司携手四川大学旅游学院，基于"智游天府"在数字文旅生态体系建设方面的创新与实践，编写了这本《数字文旅探索——"智游天府"的创新与实践》。本书将数字文旅理论研究与实践经验融合于一体，为我国数字文旅发展建言献策，向全国关注数字文旅发展与文旅产业数字化转型的读者详细和完整地展示了"智游天府"的设计理念与建设、运营经验。本书包含基础篇、实践篇、展望篇三个篇章，共十二个章节的内容。基础篇，介绍了数字经济、数字文旅、数字文旅生态三个不同层次的概念与内容；实践篇，对"智游天府"建设、运营的实践做了全面的阐述；展望篇，对"智游天府"与四川数字文旅的发展建设提出了展望。

我们首先要感谢四川省文化和旅游厅的领导在本书成书过程中给了的大力支持。感谢成都中科大旗软件股份有限公司与四川大学旅游学院参与本书编写工作的编者们的辛勤付出，并特别感谢四川大学旅游学院查建平教授对本书编写工作的指导。

文旅产业数字化转型正处于如火如荼的建设与发展过程之中，文旅产业伴随着日新月异的新技术而发展，产业发展因不同地域特色、建设者们的不同思路构想而百花齐放，"智游天府"便是其中的一位"探路者"。此书只是抛砖引玉，希望能够为关注数字文旅发展的读者提供一些经验与思路，让读者对数字文旅、数字文旅生态有一定的认识与了解。同时，也希望与更多的专家学者、管理者、建设者共同探讨，不断构建和完善数字文旅理论体系，积极参与建设实践，助力文旅产业高质量发展。

本书为国家重点研发计划"科技助力经济 2020"重点专项成果，项目指导单位：文化和旅游部科技教育司、四川省文化和旅游厅、成都市文化广电旅游局。

至本书成稿之际，"智游天府"仍处于不断建设、完善和升级过程中。本书仍有不足之处，恳请广大读者批评指正。

编　者

目　　录

实 践 篇

展 望 篇

引　言

在新一轮科技革命的推动下，人类正在加速迈向数字时代，数字化正成为重组全球要素资源、重塑全球经济格局、改变全球竞争格局的重要手段。数字技术正以新理念、新业态、新模式全面融入人类经济、政治、文化、社会、生态文明建设的各领域和全过程，给人类生产生活带来了广泛而深刻的影响。中国社会也正在迎接数字时代的到来，加快数字化发展，推动了数字中国建设。为顺应数字化发展潮流，加快推动各领域数字化优化升级，增强数字化发展动力，我国"十四五"规划和2035年远景目标纲要提出，"迎接数字时代，激活数据要素潜能，推进网络强国建设，加快建设数字经济、数字社会、数字政府，以数字化转型整体驱动生产方式、生活方式和治理方式变革"，"打造数字经济新优势、加快数字社会建设步伐、提高数字政府建设水平、营造良好数字生态"。

2023年2月，中共中央、国务院印发了《数字中国建设整体布局规划》，指出建设数字中国是数字时代推进中国式现代化的重要引擎，是构筑国家竞争新优势的有力支撑。加快数字中国建设，对全面建设社会主义现代化国家、全面推进中华民族伟大复兴具有重要意义和深远影响。数字中国建设应按照"2522"的整体框架进行布局，即夯实数字基础设施和数据资源体系"两大基础"，推进数字技术与经济、政治、文化、社会、生态文明建设"五位一体"深度融合，强化数字技术创新体系和数字安全屏障"两大能力"，优化数字化发展国内和国际"两个环境"。

为推动文化产业、文化事业和旅游业的发展，加快文化产业、文化事业和旅游业的数字化转型，本书提出了"数字文旅"这个概念词汇，它包含了智慧旅游和数字文化两大领域，同时也体现了"文旅融合"的理念，是数字中国的重要组成部分，如图0-1所示。

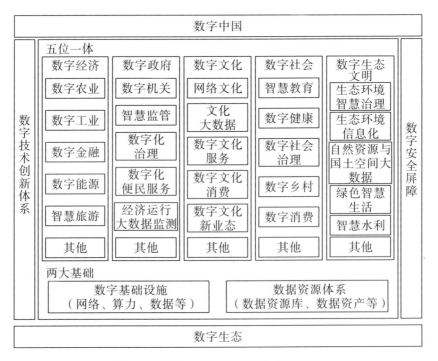

图0-1　数字中国与数字文旅关系模型

同时，本书进行了文化和旅游领域的理论探索与创新，认为文旅"产业生态"是文旅"数字经济"的基本单元。为此，本书将以"数字经济"为主要视角，阐述基于文旅产业的"数字产业化、产业数字化"理论、方

法、路径与实践。同时，注重结合文旅产业的"数字政府"政府治理与政
务服务属性、"数字社会"公共服务与社会运行方式属性、"数字生态文
明"旅游生态环境保护与文化资源保护属性的理论研究与数字化应用，发
挥数据要素潜能，以数据赋能文旅全产业链协同转型，构建文旅产业"数
字生态"。

基 础 篇

第一章 数字经济

本章深刻剖析了我国数字经济的演进脉络，明晰了其概念内涵与核心特征，并全面展示了当前数字经济的蓬勃发展态势与未来演进的广阔前景。同时，对数字经济发展过程中所遭遇的困境与挑战进行了深入剖析，从概念与现实层面为后续篇章奠定了基础。

第一节
发展背景、概念界定与特征属性

一、发展背景

随着互联网、大数据、云计算、人工智能、区块链等技术不断更新迭代，新型信息技术日益成为社会经济发展的重要推力。在此背景下，发展数字经济成为国际竞争的重要议题，世界各国纷纷出台相关政策鼓励发展数字经济。数字经济的相关理念与发展战略将对各国社会经济发展产生深远影响，数字经济正在成为推动全球经济结构升级、资源重组、格局转变的强大催化剂。

近年来，我国数字经济发展成就显著，发展规模与格局不断扩大。2022 年 7 月，中国信息通信研究院于全球数字经济大会主论坛上宣布，我国数字经济以 7.1 万亿美元的体量位居全球第二[①]。我国数字经济高速发展与稳定增长的根本动力在于顶层设计长期以来对创新发展战略的坚定落实。2022 年 1 月 16 日出版的第 2 期《求是》杂志发表了习近平总书记的重要文章《不断做强做优做大我国数字经济》，文章强调："党的十八大

---

① 中国信息通信研究院：《全球数字经济白皮书（2022 年）》，2022 年，第 14 页。

以来，党中央高度重视发展数字经济，将其上升为国家战略。党的十八届五中全会提出，实施网络强国战略和国家大数据战略，拓展网络经济空间，促进互联网和经济社会融合发展，支持基于互联网的各类创新。党的十九大提出，推动互联网、大数据、人工智能和实体经济深度融合，建设数字中国、智慧社会。党的十九届五中全会提出，发展数字经济，推进数字产业化和产业数字化，推动数字经济和实体经济深度融合，打造具有国际竞争力的数字产业集群。"[1] 党的二十大提出，要加快发展数字经济，促进数字经济和实体经济深度融合，打造具有国际竞争力的数字产业集群。我国顶层设计对数字经济发展的一系列重要论断与要求，表明大力发展与繁荣数字经济是我国经济增长与社会发展的重大决策与关键战略。在百年未有之大变局的世界大环境下，全球经济将长期处于震荡与变革之中，数字经济将成为加速构筑我国竞争新优势、推进经济增长与转型升级的重要窗口。

 二、概念界定

为贯彻落实中共中央、国务院关于数字经济发展战略的重大决策部署，依据 G20 杭州峰会提出的《二十国集团数字经济发展与合作倡议》，以及《中华人民共和国国民经济和社会发展第十四个五年规划和 2035 年远景目标纲要》《国家信息化发展战略纲要》《关于促进互联网金融健康发展的指导意见》等政策文件，国家统计局对"数字经济"的概念与范围进行了明确的界定：数字经济是指以数据资源作为关键生产要素、以现代信

---

① 习近平：《不断做强做优做大我国数字经济》，《求是》，2022 年第 2 期，第 4 页。

息网络作为重要载体、以信息通信技术的有效使用作为效率提升和经济结构优化的重要推动力的一系列经济活动。本分类将数字经济产业范围确定为：01 数字产品制造业、02 数字产品服务业、03 数字技术应用业、04 数字要素驱动业、05 数字化效率提升业等 5 个大类[①]。

当前，云计算、大数据、物联网、人工智能、区块链等新型数字技术的广泛应用，彻底颠覆了社会互动的方式，同时使经济活动灵活化、便捷化、智慧化。以新型数字技术为支撑，数字经济已成为极具包容性的社会经济催化剂，其开放与创新的特性使之成为利用科技实现创新驱动的重要引擎。我国创新驱动战略的实践与供给侧结构型改革的落地，亟须大力发展数字经济，发挥数据的基础资源作用和创新引擎作用，加快形成以创新为主要引领和支撑的数字经济。数字经济时代是市场竞争全球化、知识化与聚合化的时代。数据逐渐成为关键生产要素，数字经济产业逐渐成为主导产业，数字技术推动的产业融合成为经济发展的新动能。社会主义社会不仅要创造出比以往任何社会形态都更为丰富的经济财富，而且要在更广范围、更高层次上促进发展成果惠及人民。因此，在数字经济时代，也应着力塑造数字经济的社会主义属性，通过数字经济发展加快我国实现现代化的步伐，使其成为建成社会主义现代化强国的重要手段。

"数字经济"一词最早出现于 20 世纪 90 年代，因美国学者唐·泰普斯科特（Don Tapscott）于 1996 年出版的《数字经济：网络智能时代的前景与风险》一书而开始受到社会关注。该书描述了进入网络智能时代之后，互联网将如何改变世界各类事务的运行模式，并诞生若干新的经济形式和活动。2002 年，美国学者金范秀（Beomsoo Kim）将数字经济定义为一种本质上为"商品和服务以信息化形式进行交易"的特殊经济形态。据此可以得出，早期学者对数字经济的关注聚焦于互联网对商业活动的潜在影响。值得注意的是，由于 21 世纪初期信息技术的发展尚未达到能够颠覆社会经济发展模式的程度，其更多被视作提质增效的辅助工具。

[①] 国家统计局：《数字经济及其核心产业统计分类（2021）》，2021 年，第 3 页。

然而，信息技术的快速发展与广泛应用加速了社会经济的数字化进程，"数字经济"一词的内涵在过去的 20 年中发生了重要的改变。中国信息通信研究院发布的《中国数字经济发展白皮书（2020 年）》对数字经济的"四化"内涵做出界定，即数字化治理、数字产业化、产业数字化和数据价值化[①]。其中，数字化治理是运用数字技术以优化政府行政体制的新型治理模式；数字产业化指信息技术出现产业化的发展态势，如出现了电子信息制造业、软件和信息服务业等数字产业；产业数字化是新型数字技术对传统产业与上下游产业链条的数字化改造与赋能；数据价值化则反映了数字经济发展的根本要求，即发掘与利用数据的价值，使其成为重要的新型生产要素。经济发展离不开社会发展，社会的数字化无疑是数字经济发展的土壤，数字政府、数字社会、数字治理体系建设等构成了数字经济发展的环境。同时，数字基础设施建设以及传统物理基础设施的数字化，奠定了数字经济发展的基础。

国家统计局网站公开发布的《数字经济及其核心产业统计分类（2021）》确定了数字经济的基本范围，包含"数字产业化"和"产业数字化"两个方面。其中，数字产业化包含数字产品制造业（如支撑数字信息处理的设备、电子元器件等的制造）、数字产品服务业（如可穿戴智能设备制造和电信、广播电视和卫星传输服务等）、数字技术应用业（如各类应用软件开发、互联网数据服务等）、数字要素驱动业（如互联网平台、互联网批发零售、互联网金融等）。产业数字化主要包含数字化效率提升，指通过数字技术的应用变革传统产业的发展模式、提高传统产业的生产效率。产业数字化的产业规模与对社会经济发展的影响远大于数字产业化，是数字经济的主战场，其表现形式包括智慧农业、智能制造业、智慧交通、智慧文旅、数字金融、数字政府等。其中，第三产业的数字化变革和转型是产业数字化的典型代表，数字经济已经与第三产业中的各个部门产生了深度融合。

[①] 中国信息通信研究院：《中国数字经济发展白皮书（2020 年）》，2020 年，第 5 页。

三、特征属性

数字经济具有三个重要的特征属性:一是信息化引领。信息技术深度渗入各个行业,促成其数字化并积累大量数据资源,进而通过网络平台实现共享和汇聚,通过挖掘数据、萃取知识和凝练智慧使行业变得更加智能。二是开放化融合。通过数据的开放、共享与流动,促进组织内各部门间、价值链上各企业间,甚至跨价值链跨行业的不同组织间开展大规模协作和跨界融合,实现价值链的优化与重组。三是泛在化普惠。无处不在的信息基础设施、按需服务的云模式和各种商贸、金融等服务平台降低了参与经济活动的门槛,使得数字经济呈现"人人参与、共建共享"的普惠格局。

 ## 第二节
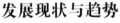 ## 发展现状与趋势

 ## 一、发展现状

近年来,世界各国高度重视发展数字经济,纷纷出台相关政策。美国

是最早布局数字经济的国家。1998 年以来，数字经济逐渐被美国政府视作保持经济长期稳定发展与国际竞争力的关键。2014 年，欧盟也开始通过大数据应用创新打造为数字经济发展服务的数据生态，并致力于建设数字化工业体系、推动人工智能战略。2021 年，欧盟发布《2030 数字化指南：实现数字十年的欧洲路径》，明确了未来十年欧盟产业数字化转型工作的路径与方向。与欧盟类似，日本也从 2013 年左右开始重视数字经济发展，着重培育数字化技术紧缺人才，全力推行"数字新政"，意在使数字化转型成为日本经济的新增长点。俄罗斯的数字经济规划起步较晚，2017 年，数字经济正式成为俄罗斯 2018—2025 年重要发展战略之一，俄罗斯开始自上而下地全面推进社会经济各个生产环节的数字化转型，以刺激经济发展。2015年，党的十八届五中全会正式将大数据发展确立为我国的国家战略。2017年起，连续 5 年将数字经济相关内容写入政府工作报告，党的十九大和二十大报告也不断深化了对数字经济发展的规划与部署。

随着各国数字经济战略的广泛部署，数字经济产业在全球范围内快速生根发芽。然而，发展中国家的数字经济产业体量与发达国家相比仍然存在显著的差距。2021 年，全球数字经济产业中，发达国家的产业规模占比高达 72.5%，远超发展中国家。此外，发达国家数字经济在本国的GDP 占比（55.7%）也远远高于发展中国家（29.8%）。增速方面，发展中国家数字经济同比名义增长 22.3%，高于同期发达国家的增速。规模方面，美国的数字经济持续领跑全球，其产业体量已经达到 15.3 万亿美元。中国连续多年保持在全球第二，规模超过 7 万亿美元，与美国的差距逐年缩小。数字经济在本国 GDP 的占比方面，美、英、德等发达国家的数字经济占 GDP 比重均超过 65%①。

随着物联网、大数据、人工智能等新一代信息技术蓬勃兴起，数字化、智能化与网络化逐渐成为世界经济的主要特征，数字经济的发展引领世界经济进入新阶段。信息化快速推进社会经济各个方面的数字变革，为

---

① 中国信息通信研究院：《全球数字经济白皮书（2022 年）》，2022 年，第 11～14 页。

构筑经济发展新高地、在愈发激烈的国际竞争中形成新优势、抢占经济转型升级制高点提供了重要抓手。如今，世界政治与经济局势复杂多变，加之前期的疫情因素，为数字经济在医疗、教育、线上办公、跨境电商等领域发挥巨大优势提供了机会，体现出数字经济在不稳定时期对经济持续稳定发展、创新产业业态方面的巨大潜能。

随着各项政策落地、互联网用户持续增长、新兴业态不断涌现，我国数字经济已经迈入发展成熟期。政策方面，除了国家大数据、建设数字中国等重要战略的实施以外，中央与地方各级政府纷纷出台利好政策推进数字产业化和产业数字化，为新业态、新模式发展铺平道路，形成我国特有的经济新优势。基础设施方面，截至 2022 年 12 月，我国网民规模为10.67 亿，互联网普及率高达 75.6%，互联网用户数量全球第一[①]；新型数字基础设施全球领先，截至 2023 年 5 月底，我国已建成 5G 基站 284.4万个，移动物联网终端用户超过 20.5 亿[②]。规模上，数字经济已经成为我国社会经济发展的重要引擎与驱动因素，2021 年我国数字经济规模超过 7 万亿美元，在 GDP 中的比重逐年攀升，数字经济相关新业态的增速远超 GDP 增速。就业方面，数字经济有效推动了我国就业结构转型升级，在创造一系列新型就业的同时，增强了我国经济社会对结构型失业风险的防范能力，促进了三大产业相关岗位的数字化转型。此外，数字经济的四大领域均实现稳步提升。

总体而言，"十三五"期间，虽然我国整体经济发展增速放缓，但是数字经济实现了跨越式发展。2020 年，即使受到新型冠状病毒感染疫情影响，数字经济依然同比增长 9.5%，保持较高的增长速度。在我国加快推进数字经济发展、深入贯彻落实网络强国与国家大数据战略的背景下，数字经济对我国经济发展、生产生活的积极影响日益显著，为经济社会持续健康发展提供了源源不断的强大动力。

---

① 中国互联网络信息中心：《第 51 次中国互联网发展状况统计报告》，2022 年，第 1 页。
② 徐佩玉：《中国已建成 5G 基站 284.4 万个，移动物联网终端用户超 20.5 亿——5G 迎来规模化发展关键期》，https://www.gov.cn/yaowen/liebiao/202307/content_6890845.htm。

　　以下摘录了国家发展和改革委员会在《大力推动我国数字经济健康发展》一文中对我国数字经济在发展规模、赋能实体经济、助力经济增长、数字抗疫、公共服务与国际合作六个方面现状的阐述：数字经济发展规模全球领先。我国数字经济规模连续多年位居世界第二位，信息通信基础设施、数字消费、数字产业等快速发展。数字基础设施全球领先，在"宽带中国"战略等重大政策推动下，高速宽带网络建设实现跨越式发展，建成全球最大的光纤网络……数字技术赋能实体经济提质增效。数字技术与实体经济深度融合，提升全要素生产率，推动制造业、服务业、农业全方位、全角度、全链条转型升级。制造业数字化转型持续深化，企业"上云用数赋智"水平不断提升……数字经济拓展经济增长新空间。数字经济在稳投资、促消费和稳外贸等方面发挥了重要作用，展现出推动经济增长的强大动力。数字经济拉动投资增长，5G 等信息基础设施建设进程加快，累计有效带动数字产业领域投资近千亿元……数字抗疫发挥举足轻重的作用。新型冠状病毒感染疫情暴发以来，数字技术、数字经济在支持抗击疫情、复工复产、稳定就业方面发挥了重要作用。数字战"疫"成效显著，各级政府和有关企业借助数字技术进行疫情防控……数字化公共服务水平不断提升。数字政府、数字惠民服务、数字乡村建设成效显著，推动公共服务更加普惠均等，让数字经济发展成果更多更公平地惠及全体人民，不断增强人民群众获得感、幸福感、安全感……数字经济国际合作持续深化。我国持续深化与"一带一路"沿线国家和地区的数字经济合作，积极参与国际数字治理规则制定，数字经济国际合作取得良好成效①。

---

　　① 国家发展和改革委员会：《大力推动我国数字经济健康发展》，《中国经贸导刊》，2022 年第 2 期，第 8～10 页。

二、发展趋势

深刻认识和准确把握数字经济发展趋势和规律，对于推动数字经济健康发展具有重大的战略意义和鲜明的现实指导意义。数字经济正以前所未有的规模和速度发展，在促进经济社会变革的同时，也呈现出一些趋势性变化，需要我们深刻认识和准确把握，以更好地推进数字经济发展。

（一）数字经济将日益成为国民经济"新的经济增长点"

建设现代化经济体系是跨越关口的迫切要求，是开启高质量发展新征程的关键性战略安排。数字化推动加快建设现代化经济体系进程进入更深层次和更广领域。我国进入高质量发展阶段重要标志之一，就是数字经济日益成为"新的经济增长点"，并成为推动经济发展的核心驱动力。基于数字技术的新产业、新业态、新模式不断发展壮大，成为最具活力的经济增长点。数字经济在我国经济发展中的比重持续上升，在整个经济发展中举足轻重，对经济增长的贡献率不断提高，对区域发展的影响力不断增强。因此，要充分发挥数字技术在社会经济发展中的叠加放大功能，推动"质量变革、效率变革、动力变革"，提高全要素生产率，显著增强我国经济质量优势，为建设现代化经济体系奠定坚实基础。以5G、集成电路、大数据、云计算、区块链、人工智能等为代表的新一代信息技术快速演进、群体突破、交叉融合，正在深刻改变全球技术经济体系，并不断丰富现代化经济体系内涵，有力支撑现代化经济体系建设。以数字化创新为现代化经济体系建设提供源头支撑，基于平台互联互通，最大限度地整合创新资源，集合创新力量，强化协同响应，放大创新优势，释放数字化潜能。

（二）数字经济日益成为我国"改造提升传统产业的支点"

数字经济以其高技术性，引领产业发展方向，调整资源配置方向，促进各个生产环节与要素的数字化转型升级。数字技术能够对传统产业进行赋能，全方位、全链条改造传统产业。我国将继续加速推动农业、制造业、服务业的数字化转型升级，让传统农业"智慧化"，传统制造业"数字化、网络化、智能化"，生活性服务业"多元化、个性化"。同时，通过构建日趋完善的数字经济支撑服务系统，确保数字化转型升级的可持续性。以数字技术为核心的创新能力、以数字化产品和服务为依托的供给能力和质量将成为产业增强核心竞争力的重要途径。新业态、新模式将不断出现，促进实体经济质量和效率提升。协同推进数字产业化和产业数字化转型，强化数字技术的支撑作用，全面提升产业水平、优化产业体系，推动产业基础高级化和产业链现代化。

（三）以数字经济为基础的数字生态体系逐步形成，数字产业链融合发展

经济和产业发展都需要合理的生态来保障，我国数字经济快速发展，在很多领域异军突起，然而产业生态相对滞后。随着数字经济深度发展，必然要推动形成良好的数字发展环境，构建数字生态空间，打造数字生态共同体。通过对人、机、物的全面互联，促进形成数据驱动、平台支撑、高度协同，且开放、共享、普惠的在线生态系统，为数字产业集群和产业链融合发展创造条件。推动不同行业、异质性企业、各类服务机构等融合大数据、区块链、人工智能等新型数字技术，构建同时具备链接效率、数据效率、决策效率、运营效率的新兴经济体和数字生态发展模式，实现数字重组产业。

（四）数字经济发展加快推进数据资产化进程，数据要素市场体系初步建立

数字化使数据成为重要的生产要素和战略资源，成为驱动发展的重要力量。当前，数据流动对全球经济增长的贡献已经超过传统的贸易和投

资，信息流引领技术流、资金流、人才流，并不断向各个领域渗透。国家主管部门明确指出，将构建并完善数据资源体系，将数据资源广泛应用于数字经济产业的研发、生产、流通、服务、消费全价值链。此外，我国要逐步实现数据要素化、资产化、市场化，通过开展数据确权、定价和交易，构建能够适应数据价值和贡献的收入分配制度，进而激活市场主体的创新动力。同时，通过建立数据产权制度、修订数据竞争规则、规范数据要素市场和市场主体，探索多种数据交易模式。充分发挥海量数据和丰富应用场景优势，做强做优做大我国数字经济，让数据更好地服务于国内国际双循环。

（五）数字经济促进经济社会一体化发展，数字化公共服务更加普惠均等

数字经济推动社会变革不断深化，数字技术和数字经济是第三次科技革命和 21 世纪产业变革的重要机遇，数字经济正在成为重组全球要素资源、重塑全球经济结构、改变全球竞争格局的关键力量。将数字技术融入经济社会发展的各领域全过程，能够在推动数字经济快速发展的同时，促进加快数字社会建设步伐。从数字社会到数字公民，从数字城市到数字乡村，从数字政务到数字生活，数字化已经成为社会进步的重要力量，成为美好生活的重要内容。"十四五"规划明确提出将数字经济布局、数字社会建设作为发展重点。数字经济将进一步推动电子政务服务水平、社会治理、公共服务、数字营商环境、民生保障等数字公共服务体系不断完善，弥合数字鸿沟。应从现代化建设全局高度加快数字化发展，培育数字文化，形成数字生态，建设数字文明，使数字经济发展的社会基础不断完善，全民数字素养和技能不断提升，共享数字红利和数字服务。

第三节
发展困境与挑战

一、发展困境

　　数字经济的出现、发展、繁荣是科技推动社会经济发展的必然趋势，是人类社会从农业文明到工业文明再到数字文明的自然过渡，然而任何一种经济形态和社会文明的产生、发展在前期阶段都会面临"革命"的困境，尤其是在以物理实体作为生产要素的传统农业经济与工业经济向以无形的数字作为驱动经济运行的关键性生产要素的数字经济转变的过程中，所面临的发展困境也是空前复杂的。

　　首先，在千百年的社会发展进程中，人们已经习惯于传统的农业经济和工业经济的运作方式和产权制度，实物资产的权属、定价及交易已形成一套完整的组织结构和游戏规则。在数字经济中，数字作为一种全新的资产，传统的产权存在形式、产权运作方式及商业应用模式已不能满足数字经济发展的需要，行业数字化发展与数字化制度和实际应用需求相脱节，极大地制约了数字经济的健康快速发展。

　　其次，数字经济发展也面临着数字人才结构性短缺的困境。人才是数字经济发展的核心驱动力，无论是数字产业化还是产业数字化的发展，都需要一大批适应数字经济发展、具备数字化知识结构和数字化实践能力的人才。然而，当下此类适应数字经济发展的复合型人才无论是数量上还是质量上都存在严重不足，也大大制约了数字经济的快速发展。

再次，产业数字化与数字产业化应用需求掌握不准确，相关产品的设计与应用需求脱节，也为数字经济发展带来了一定的困难。在产业数字化转型领域，"不会转、不敢转、不能转"问题明显，数字产业化领域所需的支撑平台建设标准不一，需求把握不准，也在一定程度上造成了数字经济整体发展大而不强、快而不优的问题。

 二、挑战

当前，随着产业变革的发展和新一轮科技革命，数字化转型如日方升，中国数字经济的发展正经历百年未有之大变局。全面推进数字经济和信息化建设是中共中央、国务院分析世界经济格局变革新趋势，着眼中国经济社会迈入新阶段做出的重大战略部署。中共中央在制定国民经济和社会发展"十四五"规划和2035年远景目标时建议，"十四五"期间要建设数字中国，着力发展数字经济，大力推进数字经济与实体经济融合发展，努力实现产业数字化、数字产业化，努力培育具备国际竞争力的数字产业集群。当前，中国数字经济和信息化正在转向深化应用、规范发展、红利释放的新阶段，数字技术快速推动各行业在生产方式、商业模式、管理范式等方面发生深刻变革，数字经济在国民经济中的地位进一步凸显，对经济增长的贡献率节节攀升，驱动经济快速、可持续、包容性增长，俨然已成为目前活力最足、创新力最佳、辐射最广的经济形态。

但与此同时，也有诸多的问题和挑战摆在面前。比如，一些数字经济的重要领域有"卡脖子"的隐忧，以致不能从根本上扭转产业链和供应链的对外依赖问题；数字鸿沟广泛存在于不同行业、区域和群体间，并显示出不断扩大的趋势；虽然我国拥有规模庞大的数据资源，但是目前还不能充分释放其价值潜力；数字经济治理体系不够完善；等等。总体而言，与其他数字经济大国相比，中国数字经济产业体量较大、发展快速，但是总体实力不强、发展质量一般。此外，数字经济的发展也给我国社会经济带来了一些负面效应，如数字违法犯罪行为等。如果不加以重视，不进行坚决纠正、治理和打击违法违规行为，数字经济的发展势必会受到掣肘，甚至威胁国家经济金融安全。因此，我们要用科学的态度客观认识和应对数字经济快速发展过程中面临的诸多挑战。

（一）对数据要素的认识不足导致数据要素市场培育面临挑战

数据要素作为一种新型生产要素，可以从以下两个视角来认识：首先是本体论的视角，数据本身具有巨大价值，包含丰富的信息、知识、规律以及智慧；其次是方法论视角，数据成为其他生产要素的数字空间"孪生"，从而实现赋值与赋能。数据要素具有获得的非竞争性、使用的非排他性、价值的非耗竭性、源头的非稀缺性等独有特征，能够通过对其他生产要素的数据化来实现提效。目前，数据要素化发展路径上还存在"拦路虎"：数据的资产地位不明确，数据确权难、共享障碍多、安全和隐私保护体系跟不上等。因此，要解决以上问题，需要统筹规划，不断开拓创新，稳步推进数据要素市场培育。

（二）现行国际治理体系面临着数字化转型带来的巨大挑战

数字治理是在数字化转型背景下，以数字化的世界为对象，以构建融合信息技术与多元主体参与的开放多元的新型治理模式、机制和规则为目的，涵盖国家、社会、机构、个体以及数字技术的复杂系统工程。数字治理包含两方面含义：一是数字化的治理，以数字化转型为背景，采取有效战略和措施保证数字化转型的实施效果和价值最大化；二是治理的数字化，利用信息技术平台、工具等对现行治理体系实施数字化转型。当前，数字治理体系构建面临诸多挑战。例如，针对互联网公司垄断的监管能力亟须加强。数字平台的快速发展逐步形成了"一家独大"

"赢者通吃"的市场格局，带来了市场垄断、税收侵蚀、数据安全等问题，难以沿用传统反垄断规则对其进行监管。针对新兴技术的管控能力亟须提升。各类新兴数字技术发展迅猛，各类威胁从虚拟网络空间向现实物理世界蔓延扩散，经济社会面临前所未有的风险与安全挑战。其他诸如网络舆情的管理失控、金融数字业务的无序扩张、大数据和人工智能技术应用导致的伦理问题等，均已成为必须面对和解决的重要问题。

（三）作为数字经济核心动能与基础设施的信息技术发展面临挑战

信息技术底层硬件始终按照摩尔定律发展，并取得了令世人瞩目的成就，但它的基础理论和冯·诺依曼体系结构并没有发生本质性变化。计算系统的渐进式发展模式所带来的数据处理能力的线性提升，已远远落后于数据的指数级增长。可以预见的是，随着时间推移，数据处理需求与能力之间的差距还将不断扩大。据统计，受限于计算能力不足，已获取数据的平均留存率仅为 2%，大量数据从未被处理和利用即被丢弃。回顾过去 10 年，大数据管理与处理技术、大数据分析方法和大数据治理技术取得了长足进步，但究其实质而言，都是在现有通用技术体系上，面向大数据需求，通过软件技术进行的调整和优化。这种技术发展模式面临一系列重大挑战，如数据模型独立，数据难以关联共享；负载类型不同、冷热数据不同，难以优化调度不同硬件资源；以计算为中心的数据处理模式，常常需要执行海量数据"搬家"操作，导致性能瓶颈等。在大数据应用需求驱动下，计算技术体系有必要进行重构，以数据为中心的新型大数据系统技术成为重要方向，信息技术体系将从"计算为中心"向"数据为中心"转型，新的基础理论和核心技术问题仍有待探索和破解。

第二章 数字文旅

本章全面梳理了数字文旅的概念体系，深入阐释了其内涵特征与基本框架，系统剖析了数字文旅在产业发展中的核心功能与重要作用。同时，结合当前发展实际，对数字文旅的发展趋势与正在面临的挑战进行了深刻分析。

第一节
概念界定、基本内涵与特征属性

一、概念界定

数字文旅是数字经济的重要组成部分，是文化和旅游产业未来的发展方向。2019年，国务院办公厅印发的《关于进一步激发文化和旅游消费潜力的意见》（国办发〔2019〕41号）指出：促进文化、旅游与现代技术相互融合，发展基于5G、超高清、增强现实、虚拟现实、人工智能等技术的新一代沉浸式体验型文化和旅游消费内容。丰富网络音乐、网络动漫、网络表演、数字艺术展示等数字内容及可穿戴设备、智能家居等产品，提升文化、旅游产品开发和服务设计的数字化水平[1]。在2020年新型冠状病毒感染疫情影响下，中国数字文旅供需呈现异常活跃的情况，云游消费迅速崛起，彰显数字文旅产业发展的新机遇。

2020年3月，国家发展改革委、中央宣传部联合文化和旅游部等二

---

[1] 国务院办公厅：《关于进一步激发文化和旅游消费潜力的意见》（国办发〔2019〕41号），2019年。

十三个部门联合印发了《关于促进消费扩容提质加快形成强大国内市场的实施意见》（发改就业〔2020〕293 号）；同年 7 月，国家发展改革委、文化和旅游部、网信办等十三个部门又联合发布了《关于支持新业态新模式健康发展激活消费市场带动扩大就业的意见》（发改高技〔2020〕1157 号）。这些文件重点强调要鼓励文旅等领域产品智能化升级和商业模式创新，加快打造数字经济新优势。2020 年 11 月，文化和旅游部、国家发展改革委等十部门联合印发的《关于深化"互联网＋旅游"推动旅游业高质量发展的意见》（文旅资源发〔2020〕81 号）提出，推动 5G、大数据、云计算、物联网、人工智能、虚拟现实、增强现实、区块链等信息技术革命成果应用普及，深入推进旅游领域数字化、网络化、智能化转型升级，培育发展新业态新模式，推动旅游业发展质量、效率和动力变革①。同月，文化和旅游部《关于推动数字文化产业高质量发展的意见》（文旅产业发〔2020〕78 号）提出，要夯实数字文化产业发展基础、培育数字文化产业新型业态、构建数字文化产业生态。以数字化推动文化和旅游融合发展，实现更广范围、更深层次、更高水平融合。促进数字文化与在线新经济结合，发展旅游直播、旅游带货等线上内容生产新模式②。

2021 年是"十四五"开局之年，这一年在我国现代化建设进程中具有特殊重要的意义。为进一步加快文旅产业高质量发展，实现科技与文旅产业的深层次融合，大力发展文旅数字经济，推动文旅产业数字化转型，文化和旅游部陆续出台了一系列文化和旅游发展相关领域的"十四五"规划，以适应我国新时期数字经济和文旅产业发展的需要。2021 年 4 月文化和旅游部发布的《"十四五"文化和旅游科技创新规划》（文旅科教发〔2021〕39 号）提出，围绕文化产业数字化这一发展战略，以科技创新提

---

① 文化和旅游部、国家发展改革委、教育部、工业和信息化部、公安部、财政部交通运输部、农业农村部、商务部、市场监管总局：《关于深化"互联网＋旅游"推动旅游业高质量发展的意见》（文旅资源发〔2020〕81 号），2020 年。
② 文化和旅游部：《关于推动数字文化产业高质量发展的意见》（文旅产业发〔2020〕78 号），2020 年。

升文化生产和内容建设能力，提高文化产业数字化、网络化、智能化发展水平；通过丰富优化数字产品和服务的供给，培育文旅融合消费的新业态、新模式①。随即发布的《"十四五"文化和旅游发展规划》（文旅政法发〔2021〕40号）再次明确了文化产业数字化战略的重要意义，提出加快发展新型文化企业、业态和消费模式，推动新一代信息技术在文化产业各个环节中的应用，通过推进大众旅游、智慧旅游、"旅游＋"和"＋旅游"，打造更多高质量的产品和服务②。同年5月，文化和旅游部发布了《"十四五"文化产业发展规划》（文旅产业发〔2021〕42号），提出要加强自主创新，整合优势资源，加强文化产业共性、关键技术研发应用，为文化产业发展提供有力科技支撑③。之后的《"十四五"文化和旅游市场发展规划》（文旅市场发〔2021〕48号）对数字文旅的发展也提出了具体的发展方向，要求文化和旅游市场线上与线下融合发展，进一步实现市场主体数字化转型，鼓励企业广泛运用5G、大数据、云计算、人工智能等技术，促进产品和服务的创新及水平提升④。

文旅业界将2019年认定为数字文旅元年。2019年，国务院办公厅印发的《关于进一步激发文化和旅游消费潜力的意见》（国办发〔2019〕41号）提出了促进文化、旅游与科技相融合，提升文化和旅游产品生产全过程数字化水平的意见⑤。随后，各省（区、市）积极响应中央号召，掀起了建设数字文旅的热潮，数字文旅成为文旅产业转型升级与高质量发展的关键动力与重要举措。此外，以阿里、腾讯、百度为首的大型互联网企业，以及线上旅行社（OTA）纷纷涉足数字文旅，打造数字文旅平台，推出虚拟旅游、旅游直播等新产品，探索数字文旅新业态领域。以"数字化"推动文旅产业转型升级的时期已经到来。

---

① 文化和旅游部：《"十四五"文化和旅游科技创新规划》（文旅科教发〔2021〕39号），2021年。
② 文化和旅游部：《"十四五"文化和旅游发展规划》（文旅政法发〔2021〕40号），2021年。
③ 文化和旅游部：《"十四五"文化产业发展规划》（文旅产业发〔2021〕42号），2021年。
④ 文化和旅游部：《"十四五"文化和旅游市场发展规划》（文旅市场发〔2021〕48号），2021年。
⑤ 国务院办公厅：《关于进一步激发文化和旅游消费潜力的意见》（国办发〔2019〕41号），2019年。

　　数字文旅是数字技术与文化产业、旅游产业、文化旅游产业融合过程中产生的一种新产业形态。数字文旅的融合属性包含两个方面。一方面是涵盖全部供需环节的融合，即产品设计、生产、分配、流通、消费这一完整产业链均嵌入数字技术，并因此形成新的生产组织形式与商业模式。另一方面是线下与线上融合，即借助数字技术实现不受时空限制。旅游企业可以将时空受限的数字产品转变为不受限，可以同时实现线下的近距离接触式旅游消费和线上非接触式体验消费。

　　当前学界对数字文旅的含义还没有定论。陈铖和朱举（2020）认为数字文旅是通过互联网等数字技术促成了文旅融合的现象的总和[①]。郑憩（2020）指出数字文旅的本质是将数字技术与文旅产业深度融合，这种新的产业形态以文旅消费需求为中心，以互联网为传播载体，将现代数字及通信技术应用于文旅产业的各环节中[②]。从产业数字化与旅游体验的视角，夏蜀和陈中科（2022）认为数字文旅依托于互联网平台，运用数字技术进行场景再现和内容生成，以数字化的方式重构文旅产业，进而推动文旅融合并提升旅游体验的沉浸程度[③]。纵观学界对数字文旅含义的解释，都提到了以互联网为载体、数字技术和信息技术的运用、产业深度融合、创新消费等内容，且多数学者将数字文旅定义为一种新产业形态，将其划为产业范畴，即数字文旅可视为数字文旅产业。

　　依托学界对数字文旅含义的界定，抓住产业内涵、融合形式、生态特质的关键点，我们将数字文旅定义为：以基于互联网的数字生态平台为载体和枢纽，以文旅消费新需求为导向，以数字经济的发展理念，创新性地将 5G、大数据、人工智能、物联网、云计算、区块链等新一代数字技术和信息通信技术运用至文旅产业各个环节，打造以场景再现、内容生产形

　　① 陈铖、朱举：《5G 背景下数字文旅发展策略研究——以成都"夜游锦江"为例》，《西部广播电视》，2020 年第 9 期，第 55 页。
　　② 郑憩：《加快推进数字文旅产业高质量发展》，《宏观经济管理》，2020 年第 12 期，第 63 页。
　　③ 夏蜀、陈中科：《数字化时代旅游场景：概念整合与价值创造》，《旅游科学》，2022 年第 3 期，第 2～4 页。

式为主的多领域多专业融合的新文旅产品，提升文旅行业供给侧质量水平，使文旅行业的服务与产品具备显著的数字化、网络化、智能化特点，提供新一代沉浸式、体验型文旅消费，推动文化和旅游耦合化融合，实现文旅行业数字化转型升级的一种新产业形态。

 二、基本内涵

　　本书对数字文旅的定义涉及产品类型、技术基础、消费内容等产业性特征，并强调了产业融合、数字经济的理念，提出了以数字生态平台为核心的发展格局，揭示了数字文旅的发展规律与本质。该定义的内涵具体表现为三个方面：

　　其一，产业内涵是基础。数字文旅属于产业范畴，具有与产业相同的内涵特征。产业是伴随社会分工而产生的现象，其形态亦会随着社会分工的发展而发展。产业具有两个方面的本质特征：需求方面，产业是类似特征和可相互替代的产品或服务；供给方面，产业是具有生产技术、生产工艺、生产过程等相似的物质生产活动或经济性质相近的服务活动。此外，构成"产业"涉及五个标准：第一，必须是一组企业群；第二，生产相对同质的产品；第三，使用共通的技术；第四，企业的数量和它们产生的财务价值必须在数量上足够大，以足够在统计中作为一个单独的部门；第五，具备投入产出性，即具有投入产出的活动。因此，数字文旅具备产业的本质特征与构成标准，具有包含供给、需求、产品、技术等要素或环节的数字文旅产业体系。

　　其二，融合是核心。融合是数字文旅的核心内容，清晰认识数字文旅中融合的具体表现，是理解数字文旅含义的关键一环。数字文旅中的融合体现在三个阶段：第一，数字技术与文旅产业的融合。数字文旅是数字技术与文旅产业融合而产生的新业态，这种融合的属性包括供需全部环节的融合，也包括将有时空限制的数字化产品拓展到线上的无限时空的线下线上的融合。第二，文化产业和旅游产业的深度耦合化融合。所谓耦合指两个及以上的系统或运行模式之间的密切协调和相互影响。数字文旅将转变过往文旅产业"物理式"的"硬融合"，打破传统的具体业务合作、共同产品开发、产业交流、领域共享等"机械化"合作模式，形成"化学式"的系统性"软融合"，实现渗透性更强、效率更高、增益更多的发展优势。耦合化融合的核心价值在于突破单个点、次、域、频的融合方式，也就是从旧有的"1＋1"（文化＋旅游）的融合模式向"1＋1＋N（文化＋旅游＋其他领域）"模式过渡，从而构建文旅融合新的价值场域。第三，文旅产业与数字经济的融合。当前的数字经济不是一个单独的产业，而是作为一种生产要素融入各个产业的发展之中，并开辟出新的经济生态，同时也是新的社会发展的生态环境。它使文旅产业内部关系从链式结构转向复杂的网络体系结构，企业链从上下游的垂直模式转变为网状模式，价值链扩张效应明显增强，空间链保留了原有的区域性和地域性，同时也融入更具活力的国际网络之中。产业融合理论认为，文旅产业与数字经济的融合始于技术融合，经过产品融合最终达成业务融合，其融合的具体表现形式是在产业组织、产业结构、产业发展方向等特征上发生根本性变化。最终，两者的融合将实现数字文旅促进数字经济发展，数字经济优化数字文旅结构，形成螺旋式上升的良性循环。

其三，生态是根本。数字文旅的生态性是数字文旅与传统文化和旅游产业区别最大的特质，是数字文旅最根本的内涵。数字文旅的生态性的本质是一种数字生态。学者夏蜀（2021）曾阐释数字生态的内涵：数字生态是在数字时代背景下，政府、企业和个人等社会经济主体通过数字化、信息化和智能化等手段，进行连接、沟通、互动与交易等活动，进而形成的围绕数据流动循环、相互作用的社会经济生态系统①。

　　而生态系统在实践层面的表现为基于互联网所构建的平台，其可为系统创造和共享价值，对产业进行垂直整合的价值链重构。即数字文旅的生态性本质是生态平台，以供需对接、跨界融合、创新业态的商业模式实现价值创造。并且，数字文旅生态平台会随着产业融合而不断拓展，能与其他行业（如金融系统）的数据平台连接组合成新的契合平台，能在更大范围与其他服务系统进行耦合，并进行资源整合与价值共创，最终实现共生共赢、去中心化，构建"数字生态共同体"。因此，生态性是数字文旅的宏观架构，清晰认识数字文旅中的生态性特质，是准确理解数字文旅内涵、发展定位的根本。

三、特征属性

　　数字技术的开放性、无边界性、互联性、共享性等特征与文旅产业的资源富集性、带动关联性、市场庞大性等特征相互交织融合。这种融合并非简单叠加，而是在互相交叉的基础上创造更多融合形态和消费场景，进而激发更大市场活力，获得更广共享空间。对于数字文旅具备的特征属性，学者姜艳艳（2021）从物理、产品、经济与市场四个方面做出了总结②，见图2—1。

---

　　① 夏蜀：《数字生态平台下的文旅金融服务体系构建》，《云南社会科学》，2021年第4期，第111页。
　　② 姜艳艳：《互联网背景下区域数字文旅的创新发展策略》，《社会科学家》，2021年第9期，第41页。

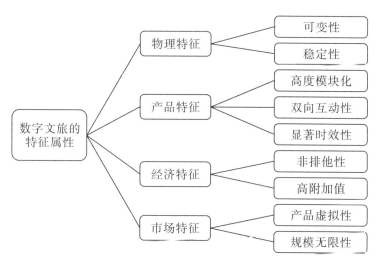

图 2－1　数字文旅的特征属性

第二节
基本框架与产业功能

一、基本框架

数字经济"一基四化"的基本框架如图 2－2 所示。

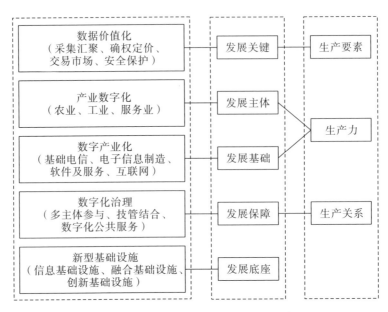

图 2-2 数字经济"一基四化"的基本框架

数字文旅与数字经济是部分和整体的关系，因此，数字文旅的基本框架也可以沿用数字经济"一基四化"总体框架模型。数字文旅"一基四化"具体内涵如下：

数字文旅的新型基础设施：以新发展理念为引领，以技术创新为驱动，以信息网络为基础，面向高质量发展需要，提供数字转型、智能升级、融合创新等服务的数字文旅基础设施体系。

数字文旅的数字化治理：运用数字技术，创新文旅治理模式，完善文旅治理体系，提升文旅综合治理能力的系统工程，如文旅主管部门数字化管理平台（产业运行监测及应急指挥平台）、政务一体化平台等。

数字文旅的数字产业化：数字文旅发展的先导产业，为数字文旅发展提供技术、产品、服务和解决方案等，如以携程为代表的旅游平台、以动漫为代表的文创产业等。

数字文旅的产业数字化：传统文旅产业应用数字技术所带来的生产数量和效率提升，其新增产出构成数字文旅的重要组成部分，如运用 VR、AR、AI 技术的虚拟现实景区，运用数字技术对吃、住、行、游、购、娱等进行的改造和提升等。其中推进"企业上云"是产业数字化的重要抓手。

数字文旅的数据价值化：发挥数据作为核心生产要素的价值和作用，推进文旅数字资产化和数据资产化，在保障数据安全和保护个人信息的前提下，有序推进文旅数字资产和数据资产交易，如文物数字资产、文创数字资产、文旅数据资产等。

数字文旅"一基四化"的基本框架如图2-3所示。

数字文旅的新型基础设施	➤ 信息基础设施，指基于新一代信息技术演化生成的基础设施，如文旅大数据中心等 ➤ 融合基础设施，指深度应用互联网、大数据、人工智能等技术形成的文旅产业融合基础设施，如数字博物馆等 ➤ 创新基础设施，指支撑科学研究、技术开发、产品研制的具有公益属性的基础设施，如智慧文创产业园等
数字文旅的数字化治理	➤ 构建统一的国家电子政务网络体系，丰富全国一体化政务服务平台功能 ➤ 完善国家人口、法人、自然资源、经济数据等基础信息库 ➤ 推动政务数据按政务公开规则依法依规向社会开放 ➤ 加强市场监管信息化建设，强化网络安全保障，严格落实分等级保护制度，增强政务信息化基础设施和系统、数据安全保障能力
数字文旅的数字产业化	➤ 培育壮大与人工智能、大数据、云计算、网络安全等相关新兴数字文旅产业 ➤ 构建基于5G的应用场景和文旅产业生态，在智慧文旅领域开展试点示范 ➤ 鼓励企业开放搜索、电商、社交等数据，发展第三方大数据服务产业 ➤ 促进共享、平台经济健康发展
数字文旅的产业数字化	➤ 培育产业平台化发展生态，大力发展众包、云外包、平台分包等新模式 ➤ 加快传统企业数字化转型步伐，助力降低数字化转型难度，发展线上线下融合的业务发展模式，发展普惠性的"上云用数赋智" ➤ 打造跨越物理边界的"虚拟"产业园和产业集群，支持具有产业链、供应链带动能力的核心企业打造产业"数据"中台
数字文旅的数据价值化	➤ 数据价值化的"三化"框架，即数据资源化、数据资产化、数据资本化 ➤ 数据资源化：本质是提升数据质量，形成使用价值的过程（数据采集、数据标注） ➤ 数据资产化：本质是形成数据交换价值，初步实现数据价值的过程（数据确权、数据定价、数据交易） ➤ 数据资本化：本质是实现数据要素的社会化配置的过程（数据质押、IPO、ABS）

图2-3 数字文旅"一基四化"的基本框架

二、产业功能

    数字文旅的产业功能是数字文旅特征的延续。数字技术将"连接一切、跨界融合"的特征赋予数字文旅，使其除了具有传统文旅的基本功能外，还具有以下功能：

    一是立体协同共振功能。数字化、网络化、智能化等现代技术的融入让传统文旅的边界趋于消失，数字文旅的基础是数字经济环境下一个个互联互通的文旅企业，这些企业构成"横向无边、纵向到底"的关联集合体。每个企业通过数字化、智能化与其他企业搭建高效沟通的渠道，构筑一个不同行业、产业与企业共同参与、建设、分享、治理、维护的新兴产业协同体系，并产生立体的、全社会的、全产业的"共振效应"。

    二是资源整合提升功能。数字文旅所依托的"资源"泛指数字文旅产品从生产到消费过程中集合的数字技术资源与文旅内容资源，其整合提升功能主要表现在以下四个方面：其一，文旅资源的无边界整合提升。应用数字技术的再生产、加工及平台消费，彻底打破传统地理空间上的文旅资源地域垄断格局，创造出国家化、全球化的资源应用整合共享机会。其二，供应链要素资源的整合提升。数字文旅产品在内容形式上借助平台形成新消费场景，自动促进供应链打通从数字、装备、内容产品到平台的一体化资源整合，实现供应链的运营结构由"链式"走向"网状"，促进供应链跨界产业要素的高度集合与协同。其三，产品资源线上线下整合提升。通过应用数字技术将传统文旅产品和服务进行数字化改造。其四，消费市场资源整合提升。利用数字技术，可以便捷地将文旅信息植入品牌、内容产品及营销推广等消费资源信息中，创新数字文旅产品的跨界整合。可见，资源整合功能为形成一个开放共享的数字文旅协同生态圈的大发展格局创造了一切可能。

三是聚势赋能裂变功能。数字技术是数字文旅的重要生产要素，是促成文旅行业迈进数字化、智能化、网络化发展新领域的关键支撑，数字技术本身具有的聚势赋能、聚合裂变的功能特征，在产业数字化、数字产业化过程中，也能赋予数字文旅拥有相应功能，即通过数字技术的聚势赋能、聚合裂变功能，数字文旅的供应链、消费链各环节、各主体将获得协同聚集发展的平等机会，促成产业链更快速实现各类要素集群，产生协同优势、规模优势、交互优势、自调适优势等，极大提升产业动能。同时数字技术的科技张力，为数字文旅在无限创新产品内容、创造新消费场景、衍生新商业模式、演化新行业生态上插上腾飞的翅膀，促成数字文旅"聚势赋能"后实现"裂变"发展，循环往复、螺旋上升。

四是虚拟产业集群功能。数字文旅是基于互联网平台构造出的一个突破物理边界的"云游"虚拟产业集群模式，其与根植于物理空间的传统文旅集群不同，虚拟产业集群没有实际物理空间边界或产业园区实体，供应商可以分散在全球任何一个有互联网的地方，通过"云端"虚拟空间，达成有产业链、价值链、创新链等相互关系的企业、机构或个体聚集云端，实现专业化分工与整体协作的虚拟化产业集合体。虚拟产业集群具有三大突出功能：一是能带动实体文旅经济从实际地理空间向地理空间与虚拟化平台空间相结合的方向转变，形成线下线上融合互动态势，打破线下产业集群成员数量和规模等各种限制，让所有自愿参与者都可获得平等的进入机会，并由此获得无限的虚拟拓展空间，小企业也可以成为一匹"大黑马"；二是带动实体文旅经济从"企业集中—产品链上下游局地联结—区域产业互利生态链"向"平台聚集—价值链网络化全球联结—线上线下融合产业协同生态圈"转型，使传统区域分工体系通过云端直接嵌入虚拟空间的全球化分工体系中，为任何一个参与者带来国际集群竞争力与全球影响力的共享共赢机会；三是带动实体文旅企业从有限生命周期向无限生命周期转型，因为数字产品的使用是无限的、可更新的，智能化技术可以在机器学习中不断创新产品内容、创造新的体验价值，借助网络化可以获得全球性市场，无限延展市场生命周期，为参与者塑造新的商业价值创造无限可能。

五是系统集成优化功能。数字文旅是一个基于互联网连接一切、协同共生的大系统。一方面，数字技术促使传统文旅的资源、产品、供需主体等各要素实现"细胞级连接"，由"点"连成"块""层""面"，进而连成"链"形成"圈"，使原本孤立的各要素集合成为共同体。但凡参与者选择加入虚拟空间的全球化分工体系，就意味着参与者须自觉遵从互联网法律法规，成为懂规则、讲规矩的行事者，促成透明、公开、效率的营商新环境。另一方面，数字文旅是各相关系统集成的大系统，原本独立的各个成员因共同的价值创造而连接的一体，在资源充分共享、要素充分流动、价值充分发挥的运行中，产出更大效益，创造更优价值，提升更大竞争力。

第三节
发展现状与趋势

一、发展现状

我国文旅产业业态丰富、多元、跨界，文旅企业主体体量差异巨大，有大型旅游集团、高星级景区、大型酒店，也有中小微商户、个体经营者、自由职业者；企业（商户、个体）经营的业务也极其多样化，包含"吃住行游购娱"等诸多要素的产品与服务。文旅产业是一个典型的存在

"小、散、乱、弱"情况的产业，急需进行数字化转型升级。然而，在传统商业文明的惯性思维模式下，我国线下文化和旅游投资者大多对数字技术的认知及应用能力不足，推动实体经济与数字技术深度融合的主动性与创新意识普遍欠缺，数字文旅供给侧产品和服务的开发与创新远远跟不上用户便捷化、个性化、多样化消费的需求。一些文旅企业负责人的数字化转型意识薄弱，遇到了和其他行业发展过程中同样面临的难题：企业数字化转型"不能转""不敢转""不会转"。为解决这些问题，从国家到地方，各级政府和社会组织都在积极推动、宣传、扶持、鼓励"科技赋能""数字化转型"，力图通过信息化手段解决行业发展的"痛点""堵点""断点"，提高行业整体运转效率、降低运行成本、发挥数据价值。

这些现状反映出我国数字文旅目前仍处在初级发展阶段，整体发展不充分、不平衡，亟待构建基于"数字经济"这一新历史时期的开放、共赢、共生与互生的文旅产业数字生态，实现文旅产业互联网消费与生产发展并重。其中消费性互联网以为游客（公众）服务为中心，生产性互联网以高质量文旅产品供给为中心，实现数字文旅发展"两手抓"，推动以"大数据"为核心的信息技术为文旅产业发展赋能，降低文旅企业数字化转型门槛，丰富文旅企业数字化转型工具箱，提高文旅产业运行的连接效率、数据效率和决策效率。加快义旅产业数字生态协同发展，建立以互联网、大数据、人工智能等信息技术为重心的文旅数字生态运营平台，做好生态共建和产业共创的载体，将新时代数字经济发展机遇转变成我国文旅产业数字经济的新增长点，推动形成数字文旅发展的新格局。

 二、发展趋势

党的十九届五中全会审议通过的《中共中央关于制定国民经济和社会

发展第十四个五年规划和二〇三五年远景目标的建议》开启了全面建设社会主义现代化国家新征程。建议明确提出，"要加快推进服务业数字化，加强公益性、基础性服务业供给。要繁荣发展文化事业和文化产业，提高国家文化软实力，建设文化强国"，高质量发展的文化和旅游产业是推进社会主义文化强国建设的重要手段。数字文旅将成为夯实文旅产业升级、高质量发展的基础，成为文旅产业未来的发展方向。大力发展数字文旅，推进文旅产业转型升级，促进文旅产业高质量发展，是社会主义文化强国建设的重要内容。未来，数字文旅的发展将有如下趋势。

（一）数字文旅将改变传统文旅传播形式，拓展文旅融合传承空间

就传播形式而言，传统文旅传播主要体现在节目表演、旅游业等方面。数字文旅的发展过程中，数字技术将在传统文旅传播中实现广泛应用，对传统文化的传播起到推动作用，催生数字出版、网络表演等各种新兴文化产业的产生和发展。数字文旅不仅可丰富传统文旅传播的形式，也可增加其内涵，使文旅产业的多面融合成为可能。传统的文旅传播模式往往只是简单的"文化搭台，经济唱戏"，还不能真正深入经济层面，实现文化与旅游产业发展的完全融合。数字文旅以其跨界、融合、渗透等特点，不但为文旅融合的持续发展提供源动力，还为文旅创意产品提供助力，将形成文旅融合的新业态，拓展传统文旅的传播空间。此外，数字化技术可突破单向信息传播的局限，实现传统文旅传播方式的多样化，满足信息传播的即时需求。因此，数字文旅的出现将打破传统文旅传播的地域限制，拓展文旅融合的传承空间。

（二）数字文旅将推动技术与文化生产深度融合，加速文旅市场供需变革

"十四五"规划明确指出，"实施文化产业数字化战略，加快发展新型文化企业、文化业态、文化消费模式"。数字文旅的根基在于文化和科技的有机融合。数字文旅发展将推动数字化市场化进程加快，技术与文化生

产整合愈发深入，借助数字新技术，文化生产不断开发新产品、新业态、新模式，大众的文化消费取向和品位不断被技术塑造和改写。以人工智能、物联网和区块链等为代表的新一代数字化技术，加速了对文旅业的渗透与变革：一方面数字化技术的发展潜移默化地改变游客的需求、行为与体验；另一方面解构传统供应链下各类文旅企业的边界，大幅提升文旅智能基础设施建设和公共服务效能。数字文旅正在带来规模巨大的下沉市场和新兴消费，并不断突破网络圈层走到线下。

（三）数字文旅将实现产业结构升级转型，推动文旅产业体系重塑

从产业发展的历程来看，一般会经历以下几个发展阶段：技术不断升级，提供足够动力以推动组织打破现有产业体系；新的产业生态得以形成；商业模式实现变革和创新；实现整个产业体系的新构建。在新技术革命的推动下，发展模式的自我变革和创新，已成为获取效益、增加价值的重要方式。数字文旅的不断发展将推动数字技术在文旅融合中的深入应用，文旅产业将逐步实现产业结构升级转型，最终实现文旅产业发展形式的改变，促进新业态的形成。随着数字技术的进一步渗透，优秀文化资源和旅游资源能借助数字技术"活起来"，新的文旅资源不断被创造，新的文旅业态不断被催生，从而实现文旅产业体系的重塑。

（四）数字文旅将不断提升产品素质，迎合满足大众新体验新需求

个体消费行为和体验认知的变化基于个体对时空感知的差异，而影响个体时空感知的重要因素是技术的变革。数字文旅的基础是数字技术的不断发展和应用升级，而这可对个体消费行为和体验认知产生深远影响，形成数字时代特有的公众消费认知体验习惯。以抖音、快手为例，其用户的爆炸式增长，就反映了数字时代公众行为和体验认知的变化。在数字文旅的发展下，个性化、多样化的需求不断被释放，公众更喜欢互动式和沉浸式的体验，人们在食、住、行、游、购、娱等方面的个体消费行为和体验

认知将发生改变,公众新的文旅消费需求、文旅消费体验将不断涌现。而在数字文旅发展中,数字技术的迭代升级将不断提升体验质量、拓展体验内容、丰富体验方式,推动文旅产品素质不断提高,不断满足大众的新需求、新体验、新消费。

第四节
发展困境与挑战

一、发展困境

《数字中国发展报告(2021年)》显示,2017年到2021年,我国数字经济规模从 27.2 万亿元迅速增长到 45.5 万亿元,占 GDP 比重从 32.9% 增至 39.8%,成为经济增长的重要引擎①。数字经济的迅猛发展、数字文化消费理念的形成,为文旅发展带来新契机。但是,当前数字文旅的发展在产业基础水平、产业顶层设计、产业消费习惯、相关法律法规方面仍存在一些发展困境。

(一)数字文旅产业基础水平参差不齐

以大数据、云计算、人工智能、5G 等新一代信息技术为代表的数字化,已然成为全球经济发展中最为强劲的驱动力,通过新一代信息技

---

① 国家互联网信息办公室:《数字中国发展报告(2021年)》,2021年,第5页。

术实现"万物互联"的发展模式，为数字文旅高峰注入硬核力量。为了提高游客的体验价值，对硬件设备的开发、产业的深度融合及场景的架构实现等方面都提出了不同程度的要求。特别是基础设施与硬件设备的建设方面，未来几年，新一代信息技术的推广会促使作为信息传播媒介的基站密度日渐增强，如何做好前瞻性思考、合理性布局及全局性规划是不容小觑的问题。当前，数字文旅发展的信息化、数字化等水平参差不齐，具体表现在：其一，区域及城乡之间发展不均衡。长三角、珠三角等东部沿海地区信息化建设起步早，已达到相当高的水平；而中西部地区信息化发展相对滞后，特别是中西部农村及偏远地区信息化建设还处于起步阶段。其二，各文旅目的地信息化建设不尽完善，基础设施的细节规划不够完整。尤其山岳型景区受自然条件影响，建设投入大、难度大，各目的地受开发成熟度影响信息化水平差异大。其三，行业之间差异大。比如，住宿、交通预订等配套服务环节的信息化程度较高，目前已有90%以上的旅游交易发生在移动端，而景区游览、景区管理等环节的信息化水平相对较低。

（二）数字文旅产业顶层设计尚待优化

近年来，数字文旅相关政策文件纷纷出台，但在顶层设计上尚有优化空间。首先，虽然数字文旅相关政策主要由国务院及文化和旅游部、中共中央宣传部、国家发展改革委等发布，但由于数字文旅产业涉及数字经济、文化产业、旅游产业三者的跨界融合，全产业链关联行业众多，因此，与税务财政、新闻出版等相关领域的政策跨界、勾连、互动、贯通尚需优化。其次，旅游景区、博物馆、纪念馆以及旅行社、旅游网站等从业主体大多各自为政，尚未形成数字文旅的行业合力，导致规范的文旅产业数字平台和统一的数字文旅行业规范难以形成。因此，需不断细化政策措施，促进相关政策落地落实。

（三）数字文旅产业消费习惯尚未形成

国务院印发的《"十四五"数字经济发展规划》明确提出"培养全民

数字消费意识和习惯"。中国信息通信研究院发布的《中国数字经济发展报告（2022年）》显示：2021年，数字经济规模达到45.5万亿元，同比名义增长16.2%①。这标志着数字经济成为推动国民经济持续稳定增长的关键动力。但是，目前数字文旅产业尚在起步阶段，公众还未形成数字文旅的消费习惯，仍习惯于传统的文旅消费模式，各文旅目的地的线上预订住宿、无纸币结算、智能化出行、租赁旅游用品等新模式还不成熟，便捷、周到、人性化的数字文旅服务尚未形成。数字文旅消费习惯需要在长期的文化旅游消费实践中形成，其形成有助于进一步激发文旅产业的消费潜能。

（四）数字文旅产业相关法律有待完善

数字时代给既有的法律法规、网络安全和个人信息保护带来了挑战。在数字时代，数据作为关键的生产要素可以参与价值创造，但数据作为一种资源，其属性、使用权如何界定，如何保护数字文旅产品知识产权，如何保护消费者个人隐私安全，如何界定企业对数据的使用权与范围等也是数字时代发展不可绕过的现实难题。目前，相关的法律法规制度，尤其是与数据使用和网络安全相关的基础性法律制度的欠缺，已成为数字技术在文旅产业渗透的重要制约因素，也会进一步制约数字文旅的发展进程。此外，消费者在使用数字文旅产品时，如因担心个人数据泄露而拒绝或有限提供关键信息，客观上也会制约数字文旅产业的发展。因此，数字文旅相关的法律法规对支持数字文旅产业的可持续发展起着至关重要的作用。

---

① 中国信息通信研究院：《中国数字经济发展报告（2022年）》，2022年，第5页。

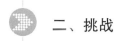

二、挑战

数据、算法成为数字文旅发展中关键的生产要素，平台成为重要的经济组织模式，数字技术推动跨界融合成为新常态，网络产品的边际成本大大降低，数字经济下消费和生产实现高度互联互通。在这样的背景之下，数字文旅的发展将面临一系列新的挑战。

（一）数字文旅基础理论与关键共性技术创新研究面临挑战

基础理论与关键共性技术是实现产业可持续、高质量发展的核心动力。要全面发展数字文旅产业，促进文旅创新融合，让文旅产业实现更高的发展目标，在数字文旅基础理论与关键共性技术创新研究方面将面临巨大的挑战。一是如何在数字化的背景下，系统运用、归纳多学科基础理论，创新基于数字化的文化和旅游融合基础理论。二是如何结合传统文化资源的复原复现技术与材料工艺、文旅资源知识图谱等文旅领域的各类应用技术，研发面向大众的文旅服务创新和政府治理的关键技术。三是如何在文旅领域运用智能科学、体验科学技术，开展语言及认知表达、内容识别及分析等智能基础理论与方法研究，研发人机交互、混合现实等应用技术，推动智能技术在文旅领域的创新应用。四是如何运用基于文旅大数据的算法模型、隐私安全、社会伦理等理论，研发文化和旅游行业数据应用和智能处理的基础数据标准，以及数据分析的新方法和新工具。五是如何系统整合、优化文化和旅游数据资源产权、交易流通、安全保护、有序开放共享等相关技术，创新区块链、数字孪生等技术在文化和旅游行业应用。

（二）以产业级数字平台为核心培育数字文旅生态体系面临挑战

文旅产业发展格局的典型特征是文旅产业的关联产业众多，与信息技术、农业、交通、金融、物流、餐饮住宿等产业，公安、应急、环境、气象等部门有着千丝万缕的联系和大量的业务"交集"，跨行业、跨地域、跨层级的应用极为频繁。"小、散、乱、弱""产业发展不均衡"也是目前文旅产业结构的基本特征。而数字文旅的核心目的就是通过数字化的手段，满足政府、企业、游客（公众）对文旅行业管理、服务、营销的多元化需求，实现文旅行业与多个相关行业、大量企业的业务协同、联营联运，实现文旅产业的数字重组。由此，需要建立产业级的数字文旅平台，培育数字文旅生态体系。当前，各地升级的文旅公共服务平台，整合了各省文旅行业管理部门、各企事业单位，实现彼此之间的资源与能力共享，具备产业级数字平台的基础功能。但是，平台还未建立与交通、金融、物流等行业的协同联动，未培育成熟的数字文旅生态体系，这是未来发展数字文旅发展需重点解决的问题。

（三）创新数字文旅可持续、现象级的商业模式面临挑战

目前的数字文旅项目存在布局者众、盈利者少的现象，许多数字文旅项目投入了大量的资金、人力、物力，但产出并不高，经济效益有待提升。由此，如何创新一种或多种数字文旅可持续、现象级的商业模式，兼顾经济效益、社会效益、文化效益，是发展数字文旅面临的挑战，其具体表现在：一是在营销方面，如何实现以直播、短视频等新媒体为载体的线上营销、线上消费，创造线上效益获取的新模式和新途径，实现创新营销。二是在用户体验方面，如何充分开发、运用 AR、VR、MR、XR 等虚拟现实技术，打造虚拟文旅体验产品及服务，实现创新体验。三是在产品内容方面，如何满足公众的文旅消费新需求，催生文旅新消费、新渠道、新场景，打造新数字内容 IP，实现创新内容。

（四）多部门、多行业、多层级的文旅数字资源整合面临挑战

文旅产业关联产业多、涉及部门多、包含专业多，横向包含气象、环保、测绘、交通、公安等部门，纵向包含省、市（州）、区（县）和涉旅企业，各部门产生各类数据，使得数据文旅的发展在数据整合方面存在一些

问题，对未来数字文旅的发展提出了挑战。首先，文化和旅游的大数据来源分散，数据标准和指标不统一，因此各数据难以整合和连接，限制了文旅资源大数据的应用和共享，导致严重的数据孤岛现象。其次，公共文化服务由政府提供，政府相关部门依据条例对文旅相关工作进行布局安排和实施。然而，数字文旅建设完全按照企业的商业模式构建，在政府的直接管辖范围之外。因此，文化和旅游资源的区域整合无法实现统一。另外，由于当前数字文旅发展在本质上仍然是中心化的，在政府公共赋予和市场旅游信息服务方面存在边界。

第三章 数字文旅生态

　　本章深入探索了数字文旅生态的理论体系，强调了转变发展思维与构建生态体系在推动数字文旅发展中的关键作用；详细阐释了政府、企业和游客（公众）三元业务模型的运作机制，以及产业中台、场景应用和业务上云等关键技术模型；通过对数字文旅生态系统"云—边—端"开放式协同架构模型的介绍，深入诠释了"智游天府"建设的理论支撑。

第一节
理论基础

一、理论背景

　　随着全球信息产业基础的大幅加强，海量数据源源不断地产生，数字化将从单一环节、领域，向产业生态方面映射。打造内部与外部互通、上游和下游联动的数字生态体系，是企业在竞争激烈、更新迭代加剧的数字时代，提高自身竞争力的有力保障。"小、散、乱、弱"是目前我国文旅产业和数字文旅领域的基本特征。"小"：指行业内大部分公司体量小、规模小、投入少、产出少。"散"：指行业内同类型的公司数量多、分布广，各自为战，联系少、协同少。"乱"：指行业内大部分公司管理无序、低水平竞争，常态化运营，尤其是处于无序竞争的状态。"弱"：指行业内大部分企业实力弱、市场竞争能力弱、行业整体信息化水平和能力弱。

　　在数字经济发展的大背景下，如果想系统性、全面性、整体性地解决文化事业、文化产业、旅游产业以及正在进行"文化和旅游"深度融合的"文旅产业"转型升级的难题，首先要充分认识到，文旅行业是一个典型的复杂巨系统；其次要意识到，"小、散、乱、弱"是当前产业结构的基本特征。因此，必须从面上着手、从全局统筹，而不能再"头疼医头、脚疼医脚"。传统文旅产业的转型升级，必须立足于目前文旅产业的基本结构和普遍特征，并设计能够完全改变产业结构的整体性方案。

文旅产业的关联产业众多，跨行业、跨地域、跨层级的应用极为频繁，行业的上下游、供应商、合作伙伴、行业监管部门之间迫切需要建立一个技术、业务、数据深度融合的数字生态体系，实现彼此之间的资源与能力共享。通过搭建行业数字生态平台，形成一个共享、共赢、共生、共创的产业生态，而不是"零和博弈"。文旅企业不但可以通过主导或加入数字生态提升自己的盈利能力、服务能力和产品开发能力，还能极大地增加企业的抗风险能力，实现数字生态中的企业资源互补、业务协同、市场共享、能力共建，做大文旅产业蛋糕，繁荣文旅产业生态。

 二、理论内涵

由于文旅产业的数字生态体系建设需要符合产业建设实践、符合未来发展趋势的先进理论进行指导，所以"数字文旅生态论"应运而生。"数字文旅生态论"是基于云计算、5G、人工智能、大数据、区块链等新一代信息技术，以生态学视角形成的一套产业发展理论。"数字文旅生态论"发端并借鉴于"数字生态论"，是将文旅产业生态作为一个整体性的巨系统，研究这个巨系统如何培育、如何发展、如何更加有效地治理的理论体系。

数字文旅生态是指不同类型的文旅产业主体通过融合云计算、大数据、物联网、人工智能和区块链等新一代计算机技术而形成的，能够有效降低交易成本、提高运作效率的新型文旅经济体。为满足游客（公众）的文化旅游服务体验需求，数字文旅生态向为文旅产业生态圈提供生产性服务和生活性服务的主体（政府、企事业单位、个人等）提供技术、金融、物流、交易市场等"公共品"服务。

数字文旅生态是数字生态论在文旅产业领域的重要实践,它以开放互联为指导思想、以面向文旅行业领域的关键共性技术能力建设为核心、以文旅行业信息化应用为重点,建立文旅行业的应用开发生态、运营和服务生态,形成"云+中台+应用"的新型的、开放协同的、共生共赢的"数字文旅产业生态共同体",实现"打造文旅产业新动能,培育文旅融合新业态、发展数字文旅新经济",推动文旅产业"数字化、网络化、智能化"持续健康有序发展。

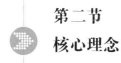

第二节
核心理念

一、思维转变

构建数字文旅生态,要从一种静态思维、机械化思维,走向系统思维、生态思维。我们知道,没有网络的物理世界是一个机械系统。进入"万物互联"的数字世界,所有的产品最终都将成为一个网络终端。"万物互联"推动产品从孤立形态走向复杂网络体系,这些带有网络属性和连接功能的产品,可以通过网络连接进入一个复杂而庞大的网络有机体之中,并成为其中的一个组成部分。

云计算、大数据、物联网、5G、边缘计算等新一代信息技术的发展,促进了各业务系统打通、汇聚与共享，推进了技术融合、业务融合、数据融合，提升了跨层级、跨地域、跨系统、跨部门、跨业务的协同管理和服务水平。最小的智能单元从一个小系统被不断接入企业或行业内部大系统，企业或行业内部大系统与上下游实现共建共享、互联互通，进而构建复杂产业链系统，让管理思想创新带动机制创新，从而从根本上改变治理方式，推动数字文旅建设从技术驱动向业务驱动转变，从部门级场景向行业级、产业级场景转变。

在此基础上，当这个复杂的产业链系统向整个文旅产业开放时，将构建起一个复杂巨系统——数字文旅生态，进而从一个机械系统演变成一个复杂、开放的生态系统——数字文旅生态系统。

 二、生态体系

数字文旅生态的核心是构建一套面向文旅产业的数字生态体系，主要内容包括组织生态、应用生态和运营生态。

组织生态主要涉及数字文旅生态体系中"人"的问题，即建立包含组织架构、人员构成、工作机制等方面的组织体系，以保持组织建立、运行、发展的生态性。具体的表现形式为：一是组织架构多主体、多层级，即组织主体既涉及文旅政府管理部门、文旅企事业单位、公众，又包含省级、市级、县级各横向相关部门单位，多元主体、多级联动。二是人员构成来源广、数量多，组织人员来自不同主体、不同层级，且每个单位都需要配备人员，人员总量大。三是工作机制系统化、多样化，通过纳入统筹协调、信息采集、宣传培训、量化考评等机制保证组织的科学运行，为应用生态的构建夯实基础。

应用生态主要包含技术底座建设及应用创新。技术底座即建立面向文旅的"产业中台"，构建基于文旅产业的基础性云平台，成为面向文旅产业或至少是面向区域的"公共品"，行业内各主体均可通过上云，利用基础性云平台完成工作业务，满足用户需求，提升工作效率，降低运营成本。应用创新是根据文旅行业各主体的需求，面对不同的应用场景，在基础云平台上开发符合需求的应用系统，或者接入外部应用系统，以满足用户需求。随着云平台上的应用系统持续性创新，应用不断增多，应用生态逐步形成，构建起了文旅产业的生态运营平台（Ecosystem Operation Platform，EOP）。EOP是指在整个文旅产业的生态中，生产、流通、金融、消费四个主要单元都在统一的信息系统上运作。该系统为文旅产业生态各单元的交易而服务，管理与交易联动作用。EOP有助于实现更高的交易效率、更低的交易成本，是数字文旅经济基础设施的一部分。

运营生态是数字文旅生态体系运行的关键，是以EOP为依托，采取"政企分离"的思路，按照"政府引导、企业主导、市场化运行"原则构建的可以发挥各自优势和特点的一种运营模式，具体而言，可分为运营平台内部运营和外部运营两部分。运营平台内部运营是限于平台范围内的显性化运营，可涉及内容运营、产品运营、活动运营、宣传运营等；运营平台外部运营是与平台有关的合作性、拓展性隐性化运营，可涉及资源整合、产品创新、智慧服务、宣传营销、资本运营等。由此，内外结合、数据互通、功能互补，多种运营手段联合实施，构建起了运营生态。

建设面向文旅产业的数字文旅生态，应以数字文旅的核心企业作为数字文旅产业链龙头，搭建面向文旅行业领域关键共性技术能力的技术底座。核心企业必须具备文旅产业技术平台的开放性，成为面向文旅产业或至少是面向区域的"公共品"——形成面向垂直领域的公共服务平台，为产业链的龙尾企业赋能，建立"技术协同、产品协同、市场协同"的数字文旅产业链协同机制，有效解决文旅产业这个复杂巨系统数字化转型的诸多难题，实现以数字技术重组文旅产业，以推动文化事业、文化产业和旅游产业生态系统重构，促进"文化＋旅游＋科技"的深度融合发展。

第三节
业务模型

一、业务背景

　　"十三五"时期，我国深入实施数字经济发展战略，数字经济实现跨越式发展，数字经济总量跃上新台阶，数字产业化基础更加坚实，数字经济已成为推动国家经济发展的新引擎。"十四五"时期，新一轮科技革命和产业变革深入发展，数字化转型已经成为大势所趋，我国数字经济进入深化应用、规范发展、普惠共享的新阶段。云计算、大数据、物联网、移动互联网、人工智能、区块链等现代信息技术与经济、社会的各个领域正在进行广泛、深度的融合，我国数字经济发展面临新形势、新机遇、新挑战和新任务。为加快推进我国数字经济发展和数字社会建设，建设网络强国、数字中国，国家层面不断出台新的支持政策，优化产业布局，营造健康发展环境。2021 年，我国发布《中华人民共和国国民经济和社会发展第十四个五年规划和 2035 年远景目标纲要》，将"加快数字化发展，建设数字中国"单独成篇，提出迎接数字时代，激活数据要素潜能，推进网络强国建设，加快建设数字经济、数字社会、数字政府，以数字化转型整体驱动生产方式、生活方式和治理方式变革。2022 年初，国务院印发了《"十四五"数字经济发展规划》，从顶层设计上明确了我国数字经济发展的总体思路、发展目标、重点任务和重大举措，是"十四五"时期推动我国数字经济高质量发展的行动纲领。

为提高人民群众的安全感、获得感和幸福感，打造泛在可及、智慧便捷、公平普惠的数字化服务体系，让"百姓少跑腿、数据多跑路"，数字政府应运而生。数字政府是以整体政府为核心目标，以业务数据化为着力点，充分运用新一代信息技术，通过数据驱动重塑政务信息化管理架构、业务架构和组织架构，形成用数据决策、用数据服务、用数据创新的现代化治理模式，它是"数字中国"体系的有机组成部分，是推动"数字中国"建设、推动社会经济高质量发展、再创营商环境新优势的重要抓手和重要引擎。

随着我国数字经济的快速发展，数字化转型的全面推进，科技正在与文化事业、文化产业和旅游产业的生产、服务和消费的各个环节全面、深度地融合，正在全面赋能文化和旅游产业的治理方式创新、产品和业态创新、商业模式创新、内容生产创新等各个领域。特别是新型冠状病毒感染疫情发生以来，数字文旅产业异军突起，成为推动文旅产业高质量发展的重要抓手。而数字文旅产业发展的关键在于提升文化和旅游政府管理部门的数字化治理水平，加快文化和旅游企事业单位的数字化转型，推动"业务上云"。政府与企业通过新型信息技术手段，为游客（公众）提供智慧、便捷、安全的服务与体验，满足游客（公众）定制化、个性化的文化旅游需求，适应人民日益增长的美好生活需要。

二、三元业务模型

文化和旅游行业的三元关系（见图 3—1）指围绕文旅行业的政府端、企业端和公众端的共性需求，通过现代科技手段，建设文旅行业的数字政府，推进文旅企业的数字化转型，为游客（公众）提供高质量的产品与服务，形成文化和旅游有机融合的、产业链上下游高效协作的、产业生态共建共赢共生的数字化管理、服务与营销生态体系。通过推进文旅管理部门的信息化建设，不断提升政府的行业管理能力和公共服务的信息化水平；通过提高企业数字化转型能力，引导企业加大信息化建设投入，推动"业务上云"，不断增强企业的营销能力和服务能力；积极开展面向游客（公众）的"数字文旅"应用系统建设，让游客（公众）全方位、全过程感受到"数字文旅"带来的全新消费和服务体验，提升文化旅游活动的舒适度和满意度。

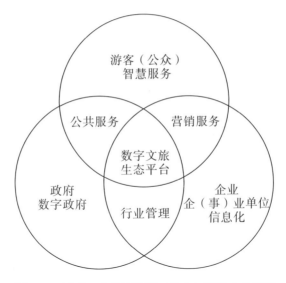

图 3—1　政府、企业和游客（公众）三元业务模型

政府、企业、游客（公众）三元业务模型交集的中心是"数字文旅生态运营平台"，它将管理、服务、市场、资源、数据等进行全面整合，将产业资源与政府、企业连接在一起，为文旅产业发展提供一个开放、合作、共享、共赢的公共服务平台。它是实现文旅产业与生产性服务业、生活性服务业之间业务协同的链接器和枢纽，是文旅产业供给侧与需求侧融合以实现业务协同、技术协同、市场协同的核心载体。

第四节
技术模型

通过信息技术把物理世界的模型数字化，是数字世界的基础。此外，人类在数字世界的行为（如在网上浏览、网络购物、在线娱乐等产生的历史记录与痕迹）也被转化成了数据，丰富了数字世界的内涵。在数字世界，构建"云＋中台＋应用"的数字生态体系，通过"数据＋算法＋算力"给人和物理世界进行赋能，为人提供更智能、更科学的决策支持，使人的生产生活更加便捷、高效、科学。对文旅产业的生产、服务、消费方式进行全面数字化转型，有利于推动文旅产业的可持续、高质量发展。为搭建数字文旅的基础技术体系，我们基于领域驱动设计（Domain Driven Design，DDD）方法拆解数字文旅产业中所需要的共性能力并建立技术模型（见图 3—2），通过微服务技术架构实现中台能力的落地。

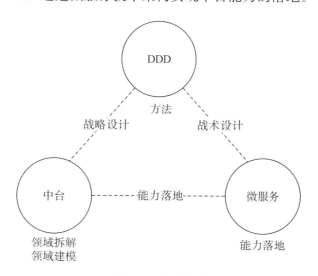

图 3—2　技术模型

一、产业中台

面向文旅的"产业中台",关键在于复用,即研发面向文旅领域的"关键共性技术"作为文旅行业的技术底座,服务面向业务场景的应用系统开发。

在面向文旅行业的关键共性技术领域,和数据相关的技术更能标准化。因此,针对"数据中台",主要实现数据的抽取、转换、清洗、计算和可视化等;根据行业属性,重点关注"业务中台",主要包括统一的用户中心、应用中心(可快速实现第三方应用接入)和交易中心(支持预订、分销、核销和自动清分)等;提高开发效率,打造"技术中台",结合文旅行业特点,构建高可用、高复用的核心技术能力支撑平台,形成协作与创新能力,以支持快速实施 IT 系统。以数据"可视化"为例,针对行业特色,构建数百个通用组件,形成"组件/构件库",从数据抽取、清洗到基本的计算,"零代码"即可形成"大数据专题"应用,提高开发效率 60% 以上。面向文旅领域的"AR 云识别引擎""算法库"等工具,既能服务好开发企业自身的应用研发,又可对外开放给用户以及开发合作伙伴,以形成像 App Store 那样的"应用池",共同为最终用户提供丰富的文旅行业应用工具。

二、场景应用

以着力于"复用"的"产业中台"为依托，通过业务场景的实际需求来驱动"中台"的关键共性技术能力建设，随着"中台"能力的提升，进一步反哺、支撑业务应用系统的快速开发与应用。

文旅产业的产业链长、辐射带动大，因而信息化应用的业务场景多。此类应用场景多以解决单一问题为主，具有"个性化、碎片化"的特点，而随着移动互联网的发展，用户也更喜欢"小应用、轻应用"。为此，有"产业中台"作为"技术底座"，"开放"就有了基础，将支持吸纳更多的应用开发商提供更多"小而美"的各类行业应用共同为文旅行业提供信息化服务，进而形成技术协同、产品协同、市场协同的"应用生态"。一方面能够满足"复杂巨系统"的业务需求，另一方面还能有效防止以往"烟囱"林立、"孤岛"遍地的乱象。

"数字文旅生态系统"不仅仅是一个平台，更是一个复杂的体系。"好用、实用、管用"是检验系统的重要标准。怎么样才能真有用？必须依托"产业中台"，以开放的意识和技术，合作共建"应用生态"，以满足游客"七十二番变化"的应用要求。作为开放的平台，必须坚持"微创新"，才能满足行业的应用需求，才能真正"有用"，才能具有生命力。它应像一坛"老酒"，随着岁月的酝酿愈发醇香。

三、业务上云

"用得起"和"用得好",才能真正有效推动"文旅产业数字化"的发展。一直以来,一方面文旅行业的信息化门槛不高,另一方面文旅行业的信息化"费效比"非常低。这一矛盾说明文旅信息化领域的发展还不够成熟。

依托"产业中台",形成面向文旅行业的"应用生态",丰富满足业务需求的"应用池",借助地方的"上云"政策,低成本、高质量地推动文旅企事业单位"业务上云",实现由"项目式、系统集成式"的建设模式向"购买服务"模式的转变。一方面帮助文旅企事业单位快速提升信息化能力,实现降本增效的目标;另一方面通过"业务上云",将云上业务数据脱敏后根据需要与政府平台实现数据交换共享,实现区域性文旅"一张网",进而有效推动和促进"产业数字化"的转型升级。

 第五节
架构模型

我国"十四五"规划明确提出要"协同发展云服务与边缘计算服务",国务院《"十四五"数字经济发展规划》也指出要"加强面向特定场景的边缘计算能力"。随着我国云计算进入蓬勃发展期,边缘计算需求激增,算力从中心走向边缘和终端本身,云边端协同正在加速推动数字技术应用的场景创新。同时，边缘计算的持续部署驱动数据处理向边端扩散，使算力走向泛在化，云边端一体化已成为下一代互联网的关键特征之一和重要的演进方向。

"数字文旅生态系统"采用了"云—边—端"开放式协同的架构模型，以开放的姿态和更好的服务融入产业互联网生态链，抓住 5G、云计算、物联网发展的历史机遇，融入国家"新基建"战略，迎接万物互联和智能社会的到来，以满足复杂的文旅产业在各项业务应用场景下的需求。

"云—边—端"协同网络是以云为中心，逐层分散延伸的网络，包括云边协同、边边协同和边端协同三部分。云—边—端架构模型（见图 3—3）整合了抽象化的云、边、端分布式基础设施，将分布广泛的资源异构、形态多样、协议不同的边缘节点和终端设备进行统一资源管理和智能调度，以实现子数据自由流动，创造业务应用统一运行的环境，建立立体化安全防护屏障和智能化运维机制，满足敏捷多样的可靠业务需求。

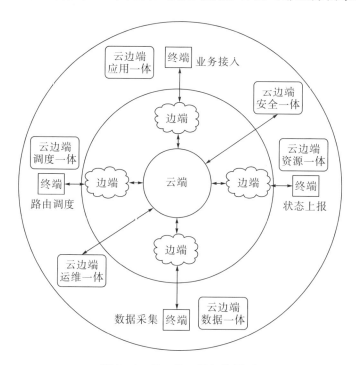

图 3—3　云—边—端架构模型

一、在云端

整合公有云、私有云、混合云，以及正在推进的国资云，以满足行业和客户需求，实现个性化的定制解决方案。

随着云计算与 5G、AIoT 的紧密融合，文旅行业格局正在加速改变，越来越多的文旅企事业单位开启了"上云"之旅，云计算逐步从 IT 基础设施演进到全面支持企事业单位数字化转型的"新基建"。与公共云和私有云同一架构的混合云是文旅企事业数字化转型的关键。混合云可将用户私有云业务和公有云业务无缝连接，实现资源的灵活调度。用户既可以自由选择业务部署方式，在业务层面灵活配置，又可以将孤岛化、碎片化的 IT 资源通过公有云无缝连接起来，实现所有 IT 资源的互联互通。

 二、在边端

边缘计算是将数据处理和存储放在网络边缘侧的技术架构，通过在靠近物或数据源头的边缘侧，建立融合计算、网络、存储、应用核心能力的开放平台，就近提供计算和智能服务，满足行业在实时业务、应用智能、安全与隐私保护等方面的基本需求。边缘计算把简单且需要实时计算和分析的过程放到离终端设备更近的地方，既能保证数据处理的实时性，又能减少数据传输过程中信息失真的风险，实现业务本地化、分布式处理，提升网络数据处理效率，并为终端用户提供更快速的内容和应用服务。边缘计算与云计算的主要区别在于，前者将计算能力分布式下沉，后者将计算能力集中在云端。

边缘计算和移动边缘计算（MEC）的业务实现是"网络＋硬件＋软件"协同的生态系统。在网络及基础硬件设施条件上，通过软件定义构建具备边缘计算能力的开放式平台，形成开放服务能力，从而在技术及商业生态上带来新一轮的变革和颠覆。以文旅行业为切入点，探索利用边缘数据中心和边缘网络，特别是面向景区和文博场馆等需要在边缘进行一定规模的计算时，提供混合 IT 架构组成的快速、稳定、便捷、安全、经济的一站式数字化解决方案。

 三、在终端

针对不同的应用场景，依托"产业中台"的技术能力，可以快速接入各应用场景的终端物联设备，通过中台的功能实现从"万物互联"到"万物智联"。

当前，文旅行业业务场景中存在大量的摄像头、传感器，如何及时分析这些数据，提升治理能力，是一个微观层面上的关键命题。在"边—端"协同中，以景区管理场景为例，将成百上千的传感器（摄像头、环境参数传感器等）所采集的数据（视频数据、环境数据、设备数据等）传输到景区的边缘计算平台，各类数据在边缘节点进行汇聚、存储和结构化处理，仅将部分关键性数据上传至云中心。在文旅行业管理中，这种计算下沉边缘的模式相较于直接上公有云，大幅减少了云中心的数据处理量、占用的带宽资源和传输的时间延迟。与专有云相比，又可以提升交付效率并降低运营成本。

实 践 篇

第四章 "智游天府" 综述

本章详细阐述了"智游天府"的建设背景与需求，明确了其建设意义、平台定位与建设目标；全面介绍了平台的总体框架与核心建设内容，并深入探讨了其作为文旅产业生态运营平台的独特角色。

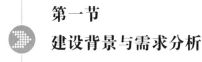

第一节
建设背景与需求分析

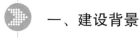

一、建设背景

（一）国家层面

为深入贯彻落实党中央、国务院关于发展数字经济的决策部署，2019年 10 月，国家发展改革委、中央网信办联合制定并印发了《国家数字经济创新发展试验区实施方案》，四川与河北省（雄安新区）、浙江省、福建省、广东省、重庆市等 6 个省市被确定为国家数字经济创新发展试验区。《国家数字经济创新发展试验区实施方案》指出，各试验区要坚持新发展理念，坚持推动高质量发展，坚持以深化供给侧结构性改革为主线，结合各自优势和结构转型特点，在数字经济要素流通机制、新型生产关系、要素资源配置、产业集聚发展模式等方面进行大胆探索，充分释放新动能。各试验区要坚持习近平新时代中国特色社会主义思想特别是关于网络强国的重要思想，充分认识创建工作的重要意义，把握先机，努力形成可复制、可推广的经验，着力打造中国数字经济创新发展的标杆，做强做大数字经济，为高质量发展提供有力支撑^①。

国务院印发的《关于加强数字政府建设的指导意见》（国发〔2022〕14号）提出，要立足新发展阶段，完整、准确、全面贯彻新发展理念，构建新发展格局，将数字技术广泛应用于政府管理服务，推进政府治理流程优化、模式创新和履职能力提升，构建数字化、智能化的政府运行新形态，充分发挥数字政府建设对数字经济、数字社会、数字生态的引领作用，为推进国家治理体系和治理能力现代化提供有力支撑。要强化经济运行的大数据监测分析，大力推行智慧监管，积极推动数字化治理模式创新，持续优化利企便民的数字化服务，强化动态感知和立体防控能力，加快推进数字机关建设，推动公开平台智能集约发展。要加快推进全国一体化政务大数据体系建设，加强数据治理，依法依规促进数据高效共享和有序开发利用，充分释放数据要素价值，确保各类数据和个人信息安全。围绕加快数字化发展、建设数字中国重大战略部署，持续增强数字政府效能，更好激发数字经济活力，优化数字社会环境，营造良好数字生态^②。

文化和旅游产业是我国幸福产业的代表，是提升人民生活品质的重要产业，是我国现代服务业的重要组成部分。文旅产业综合性强、涵盖面广、关联性高、带动性大，对我国国民经济与社会发展的推动作用和综合贡献日益突出，已成为我国稳增长、调结构、惠民生、促就业、减贫困、助振兴的国民经济战略性支柱产业。在文旅产业消费升级和供给侧结构性改革的背景下，紧抓国家大力发展"新基建"的时代机遇，以"互联网+"为手段推动文化和旅游生产方式、服务方式、管理模式创新已成为时代必然。

《"十四五"数字经济发展规划》（国发〔2021〕29号）提出，要以数字化推动文化和旅游融合发展，加快优秀文化和旅游资源的数字化转化和开发，推动景区、博物馆等发展线上数字化体验产品，发展线上演播、云

---

① 国家发展改革委、中央网信办：《国家数字经济创新发展试验区实施方案》，2019年。

② 国务院：《国务院关于加强数字政府建设的指导意见》（国发〔2022〕14号），2022年。

展览、沉浸式体验等新型文旅服务，培育一批具有广泛影响力的数字文化品牌①。中共中央、国务院印发的《数字中国建设整体布局规划》提出，要加快数字中国建设，全面赋能经济社会发展，推动数字技术和实体经济深度融合；深入实施国家文化数字化战略，大力发展网络文化，加强优质网络文化产品供给，建设国家文化大数据体系，形成中华文化数据库；提升数字文化服务能力，打造若干综合性数字文化展示平台，加快发展新型文化企业、文化业态和文化消费模式②。

国务院印发的《"十三五"旅游业发展规划》提出，要大力推动旅游科技创新，打造旅游发展的科技引擎；推进旅游互联网基础设施建设，建设旅游产业大数据平台，构建全国旅游产业运行监测平台；建设一批国家智慧旅游城市、智慧旅游景区、智慧旅游企业、智慧旅游乡村，探索"互联网＋旅游"的新型消费信用体系③。

（二）文化和旅游部层面

《"十四五"文化和旅游发展规划》（文旅政法发〔2021〕40号）提出，要推进文化和旅游数字化、网络化、智能化发展，推动信息技术在文化和旅游领域的应用；加强文化和旅游数据资源体系建设，建立健全数据开放和共享机制，强化数据挖掘应用，提升行业监测、风险防范和应急处置能力，以信息化推动行业治理现代化④。

《"十四五"文化和旅游科技创新规划》（文旅科教发〔2021〕39号）提出，要进一步推进文化和旅游数字化、网络化、智能化发展，推动信息技术在文化和旅游领域的创新应用与示范，强化我国优势信息技术在行业的研究和应用创新，推进以北斗导航等为代表的自主技术在行业的应用，推动数据资源开放共享流通，强化数据挖掘应用⑤。

---

① 国务院：《"十四五"数字经济发展规划》（国发〔2021〕29号），2021年。
② 中共中央、国务院：《数字中国建设整体布局规划》，2023年。
③ 国务院：《"十三五"旅游业发展规划》，2016年。
④ 文化和旅游部：《"十四五"文化和旅游发展规划》（文旅政法发〔2021〕40号），2021年。
⑤ 文化和旅游部：《"十四五"文化和旅游科技创新规划》（文旅科教发〔2021〕39号），2021年。

（三）四川省委、省政府层面

作为全国 6 个"国家数字经济创新发展试验区"之一，为深入贯彻落实国家发展改革委、中央网信办的工作部署和四川省委的工作要求，四川省研究制定了《国家数字经济创新发展试验区（四川）建设工作方案》，力争通过三年努力，初步构建与数字经济发展相适应的政策体系和制度环境，数字产业化和产业数字化取得显著成效，数字经济对四川地区生产总值（GDP）的贡献率大幅提升。《四川省国民经济和社会发展第十四个五年规划和二〇三五年远景目标纲要》提出，要把数字牵引作为推动高质量发展的强劲动能，聚焦激活新要素、推进新治理、营造新生态，加速促进经济社会各领域的数字化转型，加快建设网络强省、数字四川、智慧社会，打造西部领跑、全国领先的数字驱动发展高地。

自 2019 年起，四川省委、省政府每年召开一次全省文化和旅游发展大会。2019 年 4 月 29 日，四川省文化和旅游发展大会在成都召开。大会提出，要坚持以习近平新时代中国特色社会主义思想为指导，深入贯彻习近平总书记对四川工作系列重要指示精神，顺应大势、把握机遇、创新机制、形成合力，大力推动文化旅游融合发展，加快建设文化强省旅游强省，为推动治蜀兴川再上新台阶提供强劲动能。2020 年 9 月 25 日，四川省文化和旅游发展大会在乐山市召开。大会提出，随着常态化疫情防控扎实有效地开展，全省上下要积极顺应新的形势变化，采取切实有效措施，进一步巩固向好态势，不断激发动力活力，推动全省文旅经济加快恢复振兴、实现高质量发展。2021 年 9 月 28 日，四川省文化和旅游发展大会在阿坝藏族羌族自治州九寨沟县召开。大会提出，要准确把握全省文旅发展的阶段性特征和趋势性变化，完整准确全面贯彻新发展理念，以推动全省文化和旅游高质量发展为主题主线，以改革创新为根本动力，以满足人民日益增长的美好生活需要为根本目的，在积极应变、主动求变中开创文旅发展新局面，加快建成文化强省、旅游强省。2022 年 11 月 10 日，四川省文化和旅游发展大会在南充阆中市举行。大会提出，要认真贯彻党的二十大精神，坚持以文塑旅、以旅彰文，坚定信心、迎难而上，扎实抓好文化和旅游融合发展，加快建设文化强省、旅游强省，为全面建设社会主义现代化四川做出更大贡献。

《四川省"十三五"旅游业发展规划》提出，"十三五"期间需加快"互联网＋旅游"进程，用互联网思维推动现代旅游业发展，夯实旅游信息化基础建设，强化智慧旅游行业监管能力，提升智慧旅游服务和营销水平，创新旅游宣传营销方式，优化营销宣传渠道，激发市场主体活力，促进产业投资与建设①。

《四川省加快"智游天府"全省文化和旅游公共服务平台建设实施方案》提出，力争通过三年时间，建成覆盖全面、功能完善、运转高效、方便快捷的"智游天府"文化和旅游公共服务平台（以下简称"智游天府"或平台），做到全省文化旅游公众服务、综合管理、宣传推广的全面智慧化，实现服务"一键通"、监管"无盲区"、宣传"快精准"，进一步提升文化旅游公共服务水平，持续优化旅游市场环境，让公众和游客消费便捷度、满意度显著提高，助力建设世界重要旅游目的地②。

四川省文化和旅游厅、四川省经济和信息化厅联合发布的《关于推动全省文化和旅游新型基础设施建设的通知》提出，到 2023 年，推动建成文旅重大信息基础设施和产业技术创新设施、智慧旅游城市、智慧景区等方面共计 130 个优秀文旅"新基建"建设单位，加快"智游天府"应用推广，培育数字文旅发展新模式。加强文化和旅游"新基建"建设，加快文化和旅游区域移动网络覆盖，深化新技术场景应用，完善公共服务平台和设施。建设并升级全省文化和旅游数据中心，推动与"智游天府"的互联互通，实现各地文旅数据的自动归集、集中存储、快速处理和应用共享，提升全省文旅行业的运行管理和决策能力。深入贯彻落实"业务上云"，全面推动全省文旅企事业单位"上云用数赋智"，加快全省文旅产业数字化改造和转型升级，不断提升文旅单位在线化服务能力和水平。积极开展

---

① 四川省人民政府：《四川省"十三五"旅游业发展规划》，2017 年。
② 四川省人民政府办公厅：《四川省加快"智游天府"全省文化和旅游公共服务平台建设实施方案》，2020 年。

"智慧旅游城市""智慧旅游景区"等文化和旅游"新基建"融合典型应用①。

近年来，四川省紧密围绕文化和旅游产业发展的战略需求，大力推进"文化＋旅游＋科技"的创新能力建设与"产业数字化、数字产业化"的发展进程，加快文旅产业"上云用数赋智"，不断降低行业信息化应用成本，有效推动了四川省文旅产业数字化转型。

（四）四川省文化和旅游厅层面

《四川省"十四五"文化和旅游发展规划》提出，要推进文化和旅游智慧化建设，加强信息化基础设施建设，开展智慧旅游城市建设、智慧旅游景区（度假区）建设、公共数字文化融合发展工程建设。推进"智游天府"建设，逐步构建以"智游天府"为核心的标准、理论、技术、保障等全省一张网的数字化体系，鼓励"业务上云"，实现全省文化和旅游公众服务、综合管理、宣传推广的全面智慧化，优化再造文化和旅游治理模式。分步建设完善全省文化和旅游大数据中心，鼓励有条件的地区构建分中心，挖掘数据资源要素潜力，培育数据要素市场，实现数据的安全共享、开发利用，逐步构建以大数据为导向的管理决策机制②。

《四川省"十四五"文化和旅游科技创新规划》提出，要深化数字文旅行业治理，推进全省文旅系统数字化改革，建设智慧协同的政务管理体系，建成覆盖全面、功能完善、方便快捷的"智游天府"，实现公共服务"一键通"、投诉监管"无盲区"、宣传推广"快精准"。建立全方位的产业运行监测体系，以"智游天府"为依托，推进市、县、文旅企事业单位的应用对接、功能拓展和数据共享，推进与文旅相关部门的数据交换和工作协同，提升实时监测、应急调度和分析决策能力。依托各地政务云统筹规划建设省—市（州）—县（市、区）"多级一体"的文旅大数据中心，推

---

① 四川省文化和旅游厅、四川省经济和信息化厅：《关于推动全省文化和旅游新型基础设施建设的通知》，2021年。

② 四川省文化和旅游厅：《四川省"十四五"文化和旅游发展规划》，2021年。

动文旅企事业单位"上云用数赋智",基本实现以大数据为导向的分析决策机制。优化数字文旅公共服务,加快文旅场馆数字化转型升级,逐步实现全省旅游景区、文博场馆管理数字化及产业资源数字化。建立数字文旅资源库,建设全省文旅宣传推广平台,构建省级文旅宣传推广媒体矩阵,推进"智游天府"公众端市场化运营①。

《"智游天府"文化和旅游公共服务平台建设三年工作方案(2022—2024年)》提出,通过三年努力,在优化提升原有系统的基础上,建设59个子系统,全面完成功能完善、运转高效、方便快捷的"智游天府"建设,基本实现全省文化旅游公众服务、综合管理、宣传推广的全面智慧化,即达成公共服务"一键通"、行业监管"无盲区"、文旅宣传"快精准"的目标②。

四川省文化和旅游厅按照国家文化和旅游部和四川省委、省政府关于推动文旅智慧化建设要求,着眼于增强"服务公共性、文旅融合性、理念先进性",着力于实现"管用、实用、好用",以服务大众和游客需求为切入点,以打造四川省数字文旅生态体系为核心,于2019年10月启动了"智游天府"建设。2020年4月1日平台测试版上线,2020年5月19日全网开放,2020年9月25日四川省第二届文旅发展大会上正式上线。"智游天府"通过将云计算、大数据、物联网、移动互联网、人工智能、区块链等新技术有机整合,为游客(公众)提供了集文化和旅游相关要素资源信息为一体的智慧信息平台,是四川省政务云建设的重要内容之一,是培育和发展四川省文化和旅游数字经济产业生态的新引擎。

---

① 四川省文化和旅游厅:《四川省"十四五"文化和旅游科技创新规划》,2022年。
② 四川省文化和旅游厅:《"智游天府"文化和旅游公共服务平台建设三年工作方案(2022—2024年)》,2022年。

二、需求分析

（一）文化和旅游政府需求

1. 行业综合管理需求

为实现政府职能数字化转型升级，需构建基于文旅管理部门工作职能的政务一体化管理体系，为主管部门日常工作的开展提供数字化工具。通过数据可视化的展现方式，工作人员可直观地看到辖区范围内各景区游客流量、文博场馆预约人数、文化活动参与情况等实时运行数据。通过对现有资源运行情况、政务工作情况进行多维数据分析，为管理者日常管理、资源优化配置、市场监管、产业发展趋势洞察、招商引资等方面的宏观决策提供依据，实现对文旅资源及市场运行态势进行全面掌握和分析。行业管理系统应能支持多终端应用，主管领导可通过 APP、一体机终端等多种方式随时随地查看文旅产业运行态势以及各部门具体工作情况。

目前部分文旅管理部门主要采用人工文旅执法监察、人工文旅企业信息报送、实地检查等传统方式对文旅企业进行监管，存在文旅执法取证难、实效性差、纠纷和投诉处理时间长等问题。为了加强对文旅行业的监管能力，可通过建设文化和旅游行业监管平台，建立文化和旅游诚信管理、文化和旅游执法管理等系统，全面、及时地接入和获取旅游景区（文博场馆）实况、自然灾害、游客行为、从业人员、文旅企业运行情况等感知信息和基础数据，动态实时监督文旅企业向游客（公众）提供文旅服务的过程，完善文旅服务功能、提高文旅服务质量、改善文旅发展环境。

2. 行业运行监测与应急指挥调度需求

通过应用现代信息技术，行业管理部门可及时准确地掌握景区（文博场馆)等文旅企事业单位的实时运行状况,实现文化和旅游日常监管从传统的被动处理、事后管理向过程管理和实时管理转变。通过平台建设,可建立健全监控管理和运行调度的长效机制,形成有效的监督管理体系。通过建设产业运行监测系统,文化和旅游管理部门可以更为直观便捷地掌握全省各地文化和旅游运行实时情况,全面分析市场动态和发展趋势,为管理部门开展监管调度、应急指挥提供有效手段。通过建设"掌上管"APP,为文化和旅游管理部门提供日常监测监管、信息上报服务,及时为应急处置小组提供快速、准确的信息交换(上传信息、接收指令),满足平台对现场应急指挥的需求。

按照国家及地区应急指挥平台建设相关标准规范,依托互联网、政府电子政务外网,以空间地理信息和日常监测采集的业务数据为基础,采用协同模式,面向各类突发事件,实现文旅行业应急指挥和决策分析,提升文旅管理部门应对各种突发事件的快速反应能力、指挥调度能力和防范处理能力。突发事件发生时,能按规范的事件处置流程,采取合理的预案和有效的措施,在最短时间内对突发事件做出快速反应。依托应急指挥中心,实时快速地动员和调度各种资源进行应急事件处置,有效应对各种突发灾害和突发事件,全面提高处理突发事件的组织指挥能力,为文旅行业安全高效的运行提供有力保障。

3. 公共服务需求

构建面向公众的一站式数字化服务体系,以移动终端为主要载体,为公众提供一体化、泛在化的文化旅游信息服务,包括发布文化旅游资讯、辅助规划旅游行程、提供在线培训、实现文博场馆及活动的预约预订、接收点评及投诉等。通过平台建设,全面满足公众个性化、定制化的文化活动及旅游出行服务需求。支持多种应用方式,公众可通过 APP、小程序、微信公众号等了解和关注各类信息。

公众可方便快捷地在线查询与预订文化馆、社区中心、博物馆、美术馆、图书馆及相关公益文化活动等公共文化资源,可以在线预约演出、讲座、展览、电影等线下活动,可以在线欣赏各种文化旅游直播、展览、演出等。平台可提供文旅资源信息、文化旅游新闻等资讯服务信息，提供天气、交通、住宿、餐饮等旅游出行服务信息，提供当地文化特色、地方特色产品、特色景致、标志性建筑等服务信息。平台可提供景区门票、酒店住宿、文创产品、特产商品等商品资源的一站式订购服务，并支持统一在线支付。平台可提供游记攻略、行程规划、导游导览、语音讲解、便捷出行、虚拟体验、拍照识物、一键求助、智能客服、投诉点评、虚拟一卡通等服务功能。平台可为公众提供内容输出入口，游客（公众）可以将自己了解的历史传说、文化故事、奇闻逸事等进行基于文字、图片、语音等的内容输出，增强用户黏性。

4. 营销与宣传推广需求

通过采用网站、微博、微信、APP、小程序、直播平台和电子商务平台等多种新媒体矩阵营销方式，推动文旅营销从单体的专题营销转向整体的旅游目的地品牌形象推广，拓展文化旅游营销宣传的途径与方式。

引导文化旅游市场舆论和信息传播，扩大旅游目的地的影响力和知名度。通过掌握游客客源地、游客属性、旅游偏好、停留时间等信息，定制开发文化旅游产品和精品线路，满足用户对文化旅游产品的个性化需求。通过义化旅游电子商务半台整合文化和旅游资源，开展营销宣传优惠活动，形成营销合力，塑造文旅品牌。

5. 数据资源管理与分析决策需求

四川省文化和旅游资源涉及面广、种类繁多，具有地域性、多样性、独特性、可再生性等特点。"智游天府"建设启动前，四川省仅对部分文化和旅游资源进行了资源普查、信息采集和管理，还需进一步全面摸清文化和旅游资源"家底"，对通过多渠道采集的文化和旅游资源信息数据进行归集、整合，并以大数据形式对资源数据进行存储、分类、分析及可视化展示。需构建完整的数据汇集、数据治理、数据共享、数据应用、数据安全体系，形成全省文旅大数据库。

通过建立统一的数据标准，全面整合省、市（州）、县（市、区）三级文化和旅游部门基础数据、文博场馆数据、文化活动数据、文化和旅游资源数据及运营商数据、OTA 数据、搜索引擎、公众出行数据、用户端应用数据，对本地公众、外地游客的文化活动、文化关注热点、出行线路、旅游关注度、旅游消费行为及文旅资源开发利用情况等进行全方位、多维度的精准分析，为文旅产业运行监管、文旅资源合理配置、文化传播推广、文旅消费引导、宣传营销策略制定以及安全应急指挥调度提供精准的数据支撑。

与现有数据中心、资源普查系统、文旅企事业单位（旅行社、景区、文博场馆等）等进行全方位的数据对接，实现已有资源的接入；接入公共文化服务活动开展的实时数据，实现数据共享；与横向部门如气象、交通、公安等单位进行数据对接，实现横向部门的数据融合；与纵向各级文旅主管单位进行数据对接，实现纵向数据的多级贯通；汇聚第三方数据，如运营商、银联、OTA、搜索引擎等数据，实现第三方数据的统一管理。对接入平台的数据进行统一清洗、加工、处理，实现数据规范化、标准化。同时，提供标准的 API 开放接口，为后期应用系统的接入和整合提供技术基础。提供数据应用和数据管控能力，保障数据的有效支撑，实现数据支撑应用、应用产生数据、数据形成决策的良性循环。

（二）文化和旅游企事业单位需求

1. 景区需求

保障景区旅游安全需求。实现对景区全面、透彻、及时的感知和可视化管理。合理安排景区接待能力，实行游客分流，改善景区旅游秩序，提高游客游览质量，避免旅游安全事故的发生。对各种灾害能及时报警，避免景区资产出现重大损失，保障游客人身安全，实现应急事件快速处理。

吸引更多游客实地旅游。拓展景区营销宣传渠道，建设景区电子商务网站，采用微博、微信、APP、直播等新媒体平台进行宣传推广，利用新媒体的传播特性吸引游客主动参与旅游传播、营销。实现景区营销精准化，通过旅游舆情监控和数据分析，挖掘旅游热点、游客兴趣点，引导文化旅游企业策划相应的文化旅游产品，制定相应的营销主题。通过营销渠道量化数据分析，筛选优质营销渠道，逐步建立自媒体营销平台，有效提高品牌知名度和游客消费体验水平。

文旅数据共享需求。通过相关平台的共享接口，整合各级文旅管理部门的资源数据、业务数据，公安、交通、气象、应急、工商等涉文涉旅数据，以及导游、旅行社、酒店（民宿）、乡村旅游企业等行业数据，为景区提供数据支撑。

优化景区游客服务体验。在保障游客生命和财产安全的前提下，为各类游客（包括商旅、散客、自助游、团队游等）提供差异化的出游解决方案，最大限度地满足游客的个性化需求。文化旅游产品设计和服务内容应更多考虑游客的实际需求，方便游客获取多样化的服务和体验方式，增加服务的互动性和实时性。

2. 文博场馆需求

博物馆需求。通过线上的方式，联动全省各地的博物馆，为用户和游客提供更加优质的文化传播内容，吸引更多的游客来四川感受文化底蕴，更好地传播四川文化。

文化馆需求。通过线上的方式，联动全省各地的文化馆，充分体现四川文化底蕴和文化精髓，将历史文化通过线上方式传播出去，让更多的文化爱好者在参观、体验过程中感受四川悠远的历史文化。

图书馆需求。通过线上的方式，联动全省各地的图书馆进行知识传播，让更多用户和读者通过线上途径获取图书馆书籍、文献资料，增强图书馆的数字化服务能力。

3. 酒店需求

管理服务需求。智慧酒店的建设既要满足游客入住的便捷服务需求，又要满足对游客行为的监督需求，在利用酒店现有信息化资源和设施的基础上，通过新型数字化手段提升酒店管理效率和服务质量。

宣传营销需求。利用智慧酒店的数字化工具帮助酒店实现精准宣传营销，通过整合酒店、景区以及其他商家，利用旅游营销平台解决企业消费验证不统一、财务结算混乱、文化旅游产品单一及电子商务产品标准不一致等诸多问题，通过更多的平台推广酒店的优惠活动，提升品牌知名度，并与其他第三方电子商务平台、直播平台等开展多种形式的业务合作。

4. 旅行社需求

营销服务需求。随着散客化旅游时代的到来，自由行、自驾游等个性化服务冲击着旅行社的业务量，旅行社需快速转变经营思路，在经营过程中借助信息化手段，通过文旅电子商务平台等渠道扩大服务范围，为更多的游客提供个性化、定制化服务。

数据共享需求。能采集和共享游客的来源地、消费习惯、个人喜好等数据，进行游客画像分析，帮助旅行社制定营销服务策略。

信息报送需求。各级文旅单位数据填报，采用在线填报方式。

业务审批需求。领队人员审批、出入境名单审批、导游证审核等采用网上审核方式。

（三）游客（公众）需求

1. 快速获取文化和旅游资讯

游客（公众）在选择旅游目的地（文博场馆）时，需要获取大量的旅游目的地（文博场馆）资讯信息，包括旅游目的地（文博场馆）的位置、特色文化旅游产品、文化旅游线路等。因此，需要为游客（公众）提供多种文化旅游资讯获取方式，如门户网站、APP、小程序、二维码、LED显示屏等，使游客可以快速获取旅游服务资讯信息。需支持文化旅游资讯的多种展现方式，如旅游目的地（文博场馆）的文字介绍信息、旅游目的地（文博场馆）的风光（建筑、文物）图片、旅游目的地（文博场馆）的音视频介绍、旅游目的地（文博场馆）的实景展示、旅游目的地（文博场馆）的二/三维地图等。需提供多种类型的文化旅游资讯，包括旅游目的地资讯（文博场馆）、文化旅游产品信息、交通信息、酒店信息、餐饮信息、导航信息等。需方便游客提前制定行程，快捷地预订酒店、机票、车

（船）票等。通过平台建设，可使全省文旅资源与相关信息资源实现高度整合和深度激活，为游客（公众）提供全面、丰富、及时的资讯信息。

2. 防范各类旅游（参观）风险

通过平台建设，可接入景区（文博场馆）实时监控数据，全程监测景区（文博场馆）的实时运行情况，并能保障游客的生命财产安全，建立有效的旅游（参观）风险防范机制，实现应急事件快速响应。

3. 高效的投诉响应体系

采取能够有效保障游客权益的各项措施，如游客在旅游过程中遇到环境脏乱差、欺诈或导游人员非法经营等问题时，能通过多种渠道进行投诉，管理部门也能及时响应处置游客遇到的各类投诉问题，保障游客的人身和财产安全。管理部门可通过对接各渠道相关投诉信息，统一监督和管理投诉处理的全过程，保障游客投诉能得到快速有效的解决，提升管理部门服务水平。

第二节
建设意义、平台定位与建设目标

一、建设意义

协同发展。"智游天府"建设能满足推动"文旅融合"协同发展的需要。平台建设始终坚持"宜融则融、能融尽融"的文旅融合发展思路，找准文化产业、文化事业和旅游产业之间的"交集"，探索文化与旅游融合的新场景，深化文化旅游与科技融合的集成应用，加快文旅产业全要素、全流程的数字化转型，培育文旅融合数字消费的新业态、新模式，实现场景共造、消费互融，促进产业、科技、金融等组成的生态系统的良性循环。以"智游天府"为切入点，开展四川、重庆两地文旅数据的共享应用与联合创新，探索数据确权、数据交换和数据分析等技术在省际数据共享中的应用，加快国内文旅产业融合发展，形成文旅产业"全国一盘棋"的发展局面。

创新发展。"智游天府"建设是落实"数字经济"创新发展的需要。围绕省委、省政府打造"国家数字经济创新发展试验区"的要求，以文旅产业为突破口，落实"推动四川文旅产业发展，必须以推动高质量发展为主线，大力深化供给侧结构性改革，构建具有四川特色的现代文旅产业发展体系，加快推动四川由文旅大省向文旅强省跨越"的目标任务，以"智游天府"建设为抓手，全面推进全省文旅产业数字化发展，为全省数字经济发展提供有力支撑，实现"数字四川"发展战略。通过"智游天府"建设，建立健全全省文化和旅游公共服务体系，规划、建设、运营一批智慧旅游城市、智慧旅游景区、天府旅游名县、天府旅游名镇和天府旅游名村等，为文旅产业复苏、文旅经济发展提供有力支撑。

绿色发展。"智游天府"建设能满足"消费升级"绿色发展的需要。一是对文旅产品的消费需求。随着国内人均 GDP 突破 1 万美元，公众在生活水平不断提升、物质消费得到极大满足的同时，对高质量的文化和旅游服务需求呈现出多层次、多元化、个性化等特点。通过"智游天府"建设，可以整合全省文旅资源，更好地满足公众对高质量、全品类文旅服务的需求。二是对线上文旅服务的需求。现代技术的不断发展，线上的、全新的、互动感足、体验感强、参与度高的文旅创新服务正日益受到公众的欢迎。特别是疫情防控期间，国内博物馆、影剧院等线下业务全线关闭，线上影视剧、短视频等业务需求出现惊人的增长。通过"智游天府"建设，可推动全省文旅企事业单位数字化转型，实现全省文旅资源的线上呈现，为公众提供创新的线上文旅服务。三是对文旅场景的应用需求。现代信息技术的不断发展，场景化的服务使公众更便捷、更直观地参与到产业发展过程中。通过"智游天府"建设，打造全省文旅行业"新基建"，可为技术开发者提供关键共性技术服务。通过公众积极参与，不断拓展文旅服务"新场景"，以众创和引入第三方应用等方式实现行业的"新场景、新应用"，激活全省数字文旅产业市场，创新文旅新消费。

二、平台定位

"智游天府"包括四川省省级、各市（州）级、县（市、区）级平台，涵盖文化事业、文化产业和旅游产业基本要素，惠及政府文化旅游主管部门及直属单位，服务于文化事业与产业中的文博场馆（文化馆、博物馆、图书馆、美术馆等）、演艺团体、考级机构、展演活动、专家人员，以及旅游产业中的景区、度假区、餐饮店、酒店、购物场所、娱乐场所、自驾游房车露营地、厕所、旅行社等事业要素、产业要素和公共服务要素，实现全省文化旅游信息资源互联互通、资源共享、全域开放。

"智游天府"建设定位：四川省文旅服务的总入口、文旅管理的总枢纽、文旅宣传的总展馆、文旅产销的总平台。

文旅服务的总入口：平台汇聚四川省文旅各类公共服务、市场服务信息，将平台打造成通过以手机为便捷途径，为公众提供四川省各类文旅服务的入口。

文旅管理的总枢纽：将文旅行政管理部门的各业务管理系统整合于平台，形成各级文旅管理部门的工作手册、资源库、操作工具，加快四川省文旅政务一体化进程。

　　文旅宣传的总展馆：整合各类新媒体平台，形成四川省文旅体系的新媒体矩阵，使四川各级文旅产业、行业的信息等"一触即发"，实现多层级展示。

　　文旅产销的总平台：围绕市场运营，将四川省的文旅资源和产品整合到平台，依托市场化运营，将文旅产品通过平台进行市场化营销。

　　最终把"智游天府"打造成四川省政务云的重要组成部分，建设成"文化传播线上线下结合、公众体验好用实用管用、企业营销多渠道多手段、政务服务方便高效快捷"的数字化平台，培育成四川省数字文旅产业生态的新引擎。

 三、建设目标

　　"智游天府"建设坚持以融合发展为主线，以高质量发展为目标，以天府旅游名县、名镇、名村的创建为抓手，以提供优秀文化和优质旅游产品为着力点，推动文化旅游产业高质量发展。四川省委、省政府高度重视文化和旅游信息化建设工作，先后发布了《关于大力发展文旅经济加快建设文化强省旅游强省的意见》（川委办〔2019〕11号）、《四川省加快"智游天府"全省文化和旅游公共服务平台建设实施方案》（川办函〔2020〕40号）等文件，明确了项目的建设目标、主要任务、实施步骤、工作要求。要求各市（州）人民政府，省政府各部门、各直属机构，有关单位要高度重视"智游天府"建设工作，各市（州）统筹抓好本辖区、本系统智慧文旅基础设施建设、标准制定、技术应用和宣传推广工作。文化和旅游行政管理部门要将智慧文旅建设水平作为评价天府旅游名县、全域旅游示范区、文明旅游示范区（单位）、文化生态保护区、A 级旅游景区创建复核，以及文化和旅游产业优秀龙头企业、星级酒店、公共文博场馆、互联网上网场所等评定及管理工作的重要依据。各地、各责任单位要强化智慧文旅建设水平，切实增强景区景点预约预订、视频监控等网络服务管理能力。加大文化和旅游发展专项资金支持智慧文旅建设的力度，对示范性好、引领性强、工作推进有力的地区和单位可采取奖补结合的方式予以支持。各地要大力营造有利于文化和旅游数字化、智慧化发展的良好环境，搭建融资平台、拓宽融资渠道，鼓励和引导金融机构、社会力量积极参与智慧文旅建设。切实加大文化、旅游和信息化专业人才招引和培训力度，建立与智慧文旅发展相适应的专业人才队伍。

根据 2020 年 7 月四川省人民政府办公厅印发的《四川省加快"智游天府"全省文化和旅游公共服务平台建设实施方案》要求，力争通过三年时间，建成覆盖全面、功能完善、运转高效、方便快捷的"智游天府"，做到四川省文旅公众服务、综合管理、宣传推广的全面智慧化，实现服务"一键通"、监管"无盲区"、宣传"快精准"，进一步提升文旅公共服务水平，持续优化旅游市场环境，让游客（公众）消费便捷度、满意度显著提高，为游客（公众）提供集文化旅游相关要素资源信息为一体的智慧信息平台。

2022 年 5 月四川省文化和旅游厅印发的《"智游天府"文化和旅游公共服务平台建设三年工作方案（2022—2024 年）》进一步要求，通过三年努力，在优化提升原有系统的基础上，建设 59 个子系统，全面完成功能完善、运转高效、方便快捷的"智游天府"建设，基本实现全省文化旅游公众服务、综合管理、宣传推广的全面智慧化，即实现公共服务"一键通"、行业监管"无盲区"、文旅宣传"快精准"的目标。在公众服务领域，在全面保障公益服务的基础上，实现重要旅游景区、旅游住宿、文博场馆、娱乐场所等主体的市场化应用服务，注册用户、服务人次、经营收入等居全国同类平台前列，基本用户达到 600 万人，服务超 1.5 亿人次。在管理应用领域，实现所有业务流程平台运转、行业监管平台跟踪、综合执法平台办理、工作督办平台完成。在宣传推广领域，建成信息汇集的"总数据库"，形成"四川文旅宣传素材库"、信息加工的"中央厨房"，形成"四川文旅宣传成品库"、信息发布的"分发中心"，形成"文旅宣传推广媒体矩阵"。在大数据中心领域，建立完善的全省文旅数据标准（字典）体系，数据多源汇集、实时共享，建成大数据专业分析平台，动态预测预警，按需形成全省综合性数据报告、专业性数据报告，为行政决策提供坚强支撑。通过"智游天府"建设，力争实现所有业务工作上平台、所有数据进大数据中心、所有基层资料报送及项目申报走网上、所有审批能衔接（即与四川省政府"一网通办""天府通办"衔接，与国家相关部委数据衔接）。

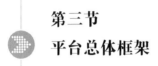

第三节
平台总体框架

"智游天府"依托于信息化建设、安全保障与运行维护的相关标准规范进行建设，平台总体分为基础设施服务、大数据服务、平台服务、软件服务、展示与交互五个层级。平台可整合各级文旅管理部门、协作单位、涉旅企业、文化机构、通信运营商等数据及资源，实现"数据支撑应用、应用产生数据、数据服务决策"。通过平台建设可促进文旅融合，构建"多源异构、多级一体"的数字文旅生态圈，为文旅管理部门、文旅企事业单位和公众提供各类信息服务。"智游天府"总体框架见图4—1。

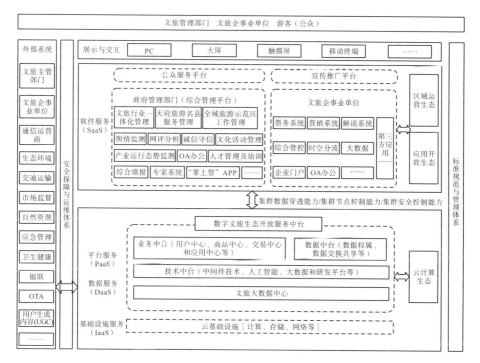

图4—1 "智游天府"总体框架

基础设施服务（IaaS）层是"智游天府"的基础，包括计算、存储和网络等基础设施服务。计算、存储设施服务部分是由大量服务器、存储器组成的计算和存储资源，为平台提供信息处理、数据存储的云服务环境。网络设施服务部分是由大容量、高带宽、高可靠的光网络、移动通信网络、无线宽带网络及卫星通信网络等组成的信息高速公路。此外，基础设施服务层还包括信息安全等领域的服务资源。

数据服务（DaaS）层是"智游天府"的核心，文旅大数据中心通过整合分散在文旅管理部门、文旅企事业单位、公众及相关机构、组织中的文旅资源信息、企业信息、用户信息、渠道信息、地理信息等基础数据和应用数据，建立全面的文化和旅游信息资源库，为数字文旅管理、服务和营销的应用系统提供数据支撑。

平台服务（PaaS）层由支撑各项业务应用的中间件、数据库、Web服务、消息总线等基础通用服务构成，平台所有业务开发都将基于应用支撑层进行，它能为开发工作节省大量时间和资源。

软件服务（SaaS）层是根据具体业务需求，从政府和企业的不同角度出发，基于开放生态的原则，吸纳多方业务系统入驻，为平台提供基于场景化的业务系统应用：为政府开展行业运行监管提供方法和手段支撑系统；为文旅企事业单位提供信息化工具，助力提升其营销和综合服务能力；以智能手机等移动终端为重要载体，为公众提供泛在化的信息服务，实现"一部手机传承文化、一部手机畅游四川"。

展示与交互层通过智能手机、平板电脑、桌面电脑、显示大屏等多渠道、多终端，以可视化的方式进行文旅信息展现，提供信息服务，并实现信息交互功能。

第四节
核心建设内容

"智游天府"着眼于增强"服务公共性、文旅融合性、应用开放性"，着重于推动"共建共享、共创共赢"，着力于实现"管用、实用、好用"，按照"一中心、三板块"进行规划及建设，由云基础设施、文旅大数据中心、关键共性支撑体系（数据中台、技术中台、业务中台）、涵盖文旅产业发展的智慧应用体系（综合管理、公众服务、宣传推广）、运营体系和运行保障体系（信息安全、运维服务）等部分组成。

一是文旅大数据中心。通过建立统一的数据标准，全面实现"省、市、县、文旅企事业"四级数据联通；横向与公安、工商、市场监督部门等实现数据对接，纵向与市（州）、县（市、区）、文旅企事业等数据互通，外接运营商、OTA、银联等数据；通过数据汇集、储存、分级，实现四川省文旅数据的统一管理、统一展示、分类归档、统计分析、预测预警、授权应用等。对公众文化活动、文化关注热点、出行线路、旅游关注度、旅游消费行为以及文旅资源开发利用情况等进行全方位、多维度的精准分析，为公众精神文化需求、日常文旅产业运行监管、文旅资源合理配置、文化传播推广、文旅消费引导、宣传营销策略制定及安全应急指挥调度提供精准的数据支撑。

二是综合管理板块。在产业监测方面：实现文旅主管部门对企业诚信监管、处理旅游投诉、旅游团队监管、旅游执法、游客抽样调查、综合经济分析、项目管理、文旅资源管理、市场秩序综合监管等行业管理以及互联网舆情监测，实时客流量监测预警和历史客流量监测分析，文旅消费监测，视频监控汇聚、调用及实时态势研判。在指挥调度方面：建成用于游客投诉、咨询的客户服务和应急救援体系，基于定位技术及相关数据进行游客行为追踪和动态管理，根据应急事件的不同响应等级进行处置指挥、舆情处理，并实时发布文旅服务信息，指挥调度所需的值守管理、预案管理和知识库管理等。在决策支持方面：通过实时数据监测和分析，推导重点区域未来时间周期内可能发生的拥堵、超限、客流预警、游客滞留等情况，根据系统推演情况给出处置建议，实现节假日高峰引流；提供未来一周、重点时段重点景区的客流预测；为决策分析提供数据分析报告，内容包括文旅产业分析、互联网数据分析（旅游指数、实时舆情、事件分析等）、客流量对比分析、存在问题及产业发展建议等。解决文旅行业管理中的监管缺手段、信息上报和反馈不及时、决策缺乏依据等问题。在协同办公方面：利用技术中台进行统一数字身份体系构建，基于工作流引擎实现机关公文、事务等流程化管理和上下协同，通过微服务架构实现新增业务管理系统的集成与扩充，满足机关政务一体化管理需求，为日常工作的开展提供应用服务。

三是公共服务板块。整合四川省文旅资源，构建四川省文旅"一张图"及相关应用，为公众提供文旅产品预约预订、展览演出信息发布、在线虚拟体验、在线投诉、志愿者服务等旅游、文化、公共服务三大类20

余项主要服务。

四是宣传推广板块。通过制定四川省文旅产业宣传推广的标准（包括统一的 VI 设计、宣传口号、营销资源池等），统一渠道和媒介建设，构建包括 APP、微信公众号（包括订阅号、服务号、视频号）、小程序、微博、抖音、快手、小红书等在内的新媒体矩阵，整合市（州）、直属单位新媒体号，形成省、市（州）联动的"智游天府"融媒体宣传矩阵，实现四川省各级文旅产业、行业的资源、产品及信息等汇总分发，形成具有公信力和权威性的四川省文旅行业媒体推广联盟。

第五节
平台的数字文旅生态特性

一、文旅产业的生态运营平台（CT－EOP）

我国文旅产业发展格局的典型特征是关联产业众多，与信息技术、农业、交通、金融、物流、餐饮住宿等产业，公安、应急、环境、气象等部门有着千丝万缕的联系和大量的业务"交集"，跨行业、跨地域、跨层级的应用极为频繁。"小、散、乱、弱""产业发展不均衡"也是目前文旅产业结构的基本特征。基于这样的产业特征，需要找到解决这些问题的整体方案。

文旅产业的数字化转型提出了以下主要需求：如何满足政府、企业、游客（公众）对文旅行业管理、服务、营销的多元化需求；如何实现文旅行业与多个相关行业、大量企业的业务协同、联营联运，实现文旅产业的数字重组；如何把文旅行业内部的企事业单位与其他不同行业、不同企业高效率、低成本地组织在一起，成为一个有机的整体；如何实现生产性服务业和生活性服务业与文旅产业有机融合，形成功能完善、运转高效的资源配置模式。

"智游天府"无疑是实现四川文旅产业数字化转型的重要"抓手"。"智游天府"的定位是四川文旅产业的生态运营平台（Culture and Tourism Ecosystem Operation Platform，CT－EOP），它承担的不只是文旅产业内部行业管理、公共服务与企业经营的任务，更重要的是承担起整个四川数字文旅生态建设的重任，成为"数字文旅生态论"在四川的先行实践。"智游天府"以"数字生态"为立足点进行探索，将管理、服务、市场、资源、数据等进行全面整合，将产业资源与政府、企业连接在一起，为四川文旅产业提供一个开放、合作、共享、共赢的发展文旅业务的公共服务平台。

"智游天府"是数字文旅生态的四川实践。"智游天府"承担了四川文旅产业数字经济发展的使命，为数字经济重组文旅产业提供了方法论和工具集。它融合了互联网、大数据、人工智能等关键共性技术，成为为整个四川文旅行业提供"公共品"服务的重要载体。

 二、提供文旅产业"公共品"服务

满足社会公共需要的商品或服务称为"公共品"。"智游天府"的重要使命就是为四川文旅产业提供"数字化"的"公共品"服务。

对于产业结构呈现"小、散、乱、弱"特征的文旅行业，不能仅仅重点培育和支持文旅行业的大型企业、龙头企业、高端企业，还应该服务大量的中小微企业、龙尾企业、个体商户，为它们的成长提供各类"公共品"服务，让这些"公共品"服务成为文旅数字经济基础设施的一部分，成为行业数字化转型的"工具包"。仅靠行业龙头企业难以带动行业整体数字化转型，而且行业龙头企业在某种程度上和产业生态中的各类大大小小的公司存在一定的竞争性，龙头企业如果不能站在行业整体发展的角度考虑问题，是无法成为产业生态中的核心企业的。而"智游天府"试图站在整个四川文旅产业的高度，为产业发展提供全方位的服务，为大量的产业生态中的主体[管理部门、企业、游客（公众）、行业从业者、专家等]搭建一个全方位的生态平台，开展多元化的业务，提供"公共品"服务，为生态赋能。

"智游天府"目前已提供或规划了如下几种"公共品"服务：

（1）技术底座及应用。技术底座即建立面向文旅产业的"产业中台"，构建基于文旅产业的基础性云平台。它是面向文旅产业的"公共品"，为文旅行业提供关键共性技术能力，行业内各主体均可通过"上云"，利用基础性云平台完成工作业务。技术底座具备文旅产业技术平台的开放性，能为产业链的企业进行技术赋能。其应用是根据文旅产业各主体的多元化需求，面对不同的应用场景，在基础云平台上开发符合共性需求的应用系统，或者接入外部应用系统，以满足用户个性化需求，实现业务功能的任意组合。

（2）人才系统。"智游天府"已建立"专家库"，实现对专家的分类动态管理，可开展专家自动抽取、审核、统计等工作。此外，平台已建立"文旅能人库"，对文旅能人的推荐、评审等进行管理。后期还将探索推进知识共享的商业运营模式，让平台上的专家、能人为"智游天府"中的各类主体进行有偿和无偿的知识服务。平台还建立了"天府文旅大讲堂"，系列专题讲座可在"智游天府"公众端（APP、微信公众号、小程序）在线直播。

（3）交易平台。"智游天府"拟为景区、文博场馆提供在线预约预订功能，实现在线、多渠道、分时段精准预约，以及景区（文博场馆）门票、景区交通、演出活动、相关服务等的多类别预约。通过电子商务系统实现景区、酒店、旅行社、特产商户、文创商户、演艺公司商品直销、营销推广、达人分销、数据分析、资金结算等线上营销功能。通过分销系统整合上游供应商门票资源、下游分销商销售渠道，快速对接 OTA、同业系统、电商平台、票务系统等，实现商品授权分级销售、日历库存价格、订单自动同步、资金自动清算等功能。

未来，"智游天府"还将在金融、物流、网络虚拟空间等领域拓展"公共品"，让文旅行业龙尾企业、小微商户获得更多降低生产运营成本、提升经营效率的相关服务。

第五章 "智游天府" 组织生态体系

本章从组织视角深入解读了"智游天府"的组织生态体系，强调了省委、省政府在平台建设中的引领和推动作用；详细阐述了组织生态的构建、协同运行和联合创新机制，凸显了平台在组织层面的高效协作与创新力；同时，从统筹协调、项目沟通和工作考评三个方面介绍了确保平台有序运行与持续发展的组织工作机制。

第一节
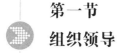
组织领导

 一、高位推进

四川省委、省政府高度重视四川省文化和旅游信息化建设和"智游天府"项目建设，先后印发了《中共四川省委　四川省人民政府关于大力发展文旅经济加快建设文化强省旅游强省的意见》（川委办〔2019〕11 号）、《关于加快推进数字经济发展的指导意见》（川府发〔2019〕20 号）等文件，把"智游天府"项目定位为四川省文化和旅游信息化建设的重大项目。其同时也是推动四川省数字经济发展的重点项目之一。省、市（州）和县（市、区）均成立由各级党委、政府和相关部门组成的"智游天府"项目领导推进小组，牵头承担项目组织协调工作，同时组建全省公共服务平台建设推进办公室。项目启动之初，省委、省政府成立了以省长为组长，省委宣传部部长、分管副省长为副组长，成员包括省委宣传部副部长、文旅厅厅长在内 33 个厅负责人为成员的全省文化和旅游产业领导小组，统筹协调项目推进工作。在 2019 的四川省文化和旅游发展大会上，省委、省政府明确提出了要"打造智慧信息平台"。"智游天府"是在四川省文化和旅游产业领导小组指导下，四川省文化和旅游厅具体落实，充分依靠市（州）、县（市、区）政府共建共享，社会企业共同参与，以文旅融合为出发点，为公众提供以公共服务为核心，贯穿管理、服务和宣传推广的政府行业职能，充分依靠新技术构建的一个线下线上融合的全省文化旅游公共服务平台。

项目建设初期，承建单位配合四川省文化和旅游厅起草并发布《全省文化旅游公共服务平台建设指南》（川文旅办发〔2019〕381号），确定了文化旅游公共服务平台建设的基本思路、基本架构、基本技术方向以及智慧应用体系，按照"统一目标、统筹规划、分级建运、多方参与、协调一致"的基本要求，整合全省各级平台资源，发挥更大综合效能，打造智慧型的特色文化街区、特色文旅小镇、美丽乡村、景区景点、公共文化场馆、文化和自然遗产地、非物质文化遗产，辅助创建天府旅游名县、全域旅游示范区和智慧旅游城市等。

"智游天府"项目建立了完善的纵向和横向组织保障机制。为保证全省文化旅游公共服务平台建设的科学性、规范性，建立了工信、发改、科技、教育、交通、体育等部门参与的文化和旅游与科技融合发展的工作机制，建立了省、市（州）和县（市、区）多级联动的协同工作和服务机制。引导各级、各地在科研、标准化、信息化等重点领域切实加强规划实施的组织领导和统筹协调，形成分工合理、权责明确的协调推进机制，并成立由各级党委、政府和相关部门组成的公共服务平台领导小组，牵头承担项目组织工作。领导小组下设办公室和专家工作组：办公室设在各级文化和旅游管理部门，负责组织方案审查、建设监管、绩效评价等相关工作；专家工作组由熟悉文化和旅游行业的企事业单位、大专院校等专业人士组成，提供规划、咨询、评审等专业服务。在文化和旅游管理部门统筹下成立本地化运营机构，由运营机构负责项目建设过程中的质量把关和后期运营。结合全省文化旅游行业中的产业现状、资源环境、商业业态等要素，构建符合市场规律、激发文旅产业主体活力的运营体制，将"公共服务属性"与"市场化运作"有效结合，通过公共服务平台建设与运营并行，实现平台价值变现，促进平台健康持续发展。

二、工作领导小组

2019—2021 年三届四川省文化和旅游发展大会上，省委、省政府多次提出，做好文旅工作是一项系统性工程，需要全省上下共同努力，各地要把推动文化旅游融合发展摆在重要位置来抓，建立强有力的领导协调机制。党政"一把手"牵头谋划部署，分管负责同志抓好落实，文旅部门要强化与各相关部门的协同联动，形成齐抓共管的工作合力。省文旅产业领导小组要强化督促指导和工作协调，确保党中央和省委关于文化旅游发展的各项决策部署落到实处、见到实效。抓好规划衔接、项目实施、基础设施建设、信息共享等各项工作，坚持项目化推进，确保各项工作有项目、有人抓、可落地、见成效。2022 年四川省文化和旅游发展大会上，省委、省政府提出，抓好文旅融合发展是省之大计、省之要事，全省上下要心往一处想、劲往一处使，齐心协力、齐抓共管。省文化和旅游产业领导小组要切实扛起牵头抓的总责任，各成员单位要主动认领任务、做好重点工作，形成推动文化旅游发展的强大合力。各市（州）要切实履行主体责任，积极推进文旅重点工作、重大工程落到实处、见到实效。

四川省文化和旅游厅为贯彻落实《关于大力发展文旅经济加快建设文化强省旅游强省的意见》（川委办〔2019〕11 号）、《关于加快推进数字经济发展的指导意见》（川府发〔2019〕20 号）等精神和全省文化和旅游发展大会精神，为加强相关工作的领导和统筹协调，加快"打造智慧信息平台"，全面推进集政府管理、公众服务、宣传推广等于一体，省、市（州）、县（市、区）、企业多级联动的全省文化旅游公共服务平台建设工作。2019 年 10 月，四川省文化和旅游厅成立了全省文化旅游公共服务平台建设工作领导小组及办公室。领导小组由厅党组书记、厅长亲自挂帅任组长，分管信息化工作的副厅长、二级巡视员任副组长，领导小组成员由21个市（州）文旅局局长、机关处室和直属单位主要负责人组成。领导小组下设办公室，由科教处处室领导及信息中心主任等相关人员组成，负责智游天府项目建设的日常管理工作。

领导小组主要职责：贯彻落实中央、省关于文化旅游信息化、数字化建设的战略部署，争取有关方面对全省文化旅游公共服务平台建设工作的支持，统筹协调全省文化旅游信息公共服务平台建设重大事项，研究制定推动文化旅游信息化建设的政策措施。

领导小组办公室职责：研究、起草全省文化旅游信息化、数字化发展规划、政策措施和推进文化旅游公共服务平台建设工作的具体办法；负责组织平台建设中涉及省级相关部门单位的协调工作；指导各地文化旅游信息公共服务平台建设工作，推动相关项目的落实；负责制定工作年度目标任务、工作计划、工作措施等；承办领导小组交办的其他事项。

同时，"智游天府"项目承建单位成都中科大旗软件股份有限公司采用项目管理的各种工具和方法，成立包括四川省文化和旅游厅相关处室人员在内的项目领导小组及工作专项小组，项目领导小组由承建单位公司董事长、四川省文化和旅游厅科教处处室领导及信息中心主任人员组成，项目组织架构采用强矩阵管理模式，"智游天府"项目专项小组日常管理工作由承建单位分管工程实施副总经理专职负责，专项小组成员集中办公。项目经理采用AB角岗位制，项目上采用工作结构分解（WBS）方法，明确完成任务时间、里程碑节点、责任到人；配合建设单位建立日报、周报、月报、专题会议等汇报制度，同时采用挂图作战方式建立职责明确、数据量化、绩效挂钩、奖惩分明的监督考核机制，明确各参与方职责边界。通过项目管理组织、实施队伍和辅助职能部门等的协同合作与分工，从全局角度实现项目的统筹管理与专业化协作，以精细化管理方式提高项目的实施质量和运转效率。

为了顺利推进项目实施，四川省文化和旅游厅召开"智游天府"项目建设全省启动动员会。文化和旅游厅机关各处室、各直属单位和省文物局负责人以及各市（州）文旅主管部门负责人、联络人员等近 100 人参加了会议。文化和旅游厅党组成员、分管信息化的副厅长出席会议并作讲话。在项目启动会上，厅领导要求，要高度重视、加强领导，全力以赴如期完成建设项目；要全力配合、落实责任，明确专人协调，确保项目推进顺利；要强化督查、严格考核，确保全省文旅重大建设项目成效；要严格按照工期安排，确保项目在计划期内完成平台研发、测试、上线等工作，并实现上线运营。

第二节
组织生态建设

2019 年被视为我国文旅融合元年，诗和远方的牵手给了旅游行业更多的期待。"十四五"时期，在文旅融合的大背景下，文旅融合发展的机制进一步健全，文旅产业逐渐成为中国经济发展从量向质转变的一个缩影。"智游天府"建设是在实践中探索出的具有文旅融合发展示范引领意义的经验做法：坚持以融合发展为主线，以高质量发展为目标，以全域旅游示范区创建为抓手，以提供优秀文化和优质旅游产品为着力点，推动文化旅游产业高质量发展。

一、构建生态

为保证"智游天府"建设的科学性、规范性,四川省文化和旅游厅始终坚持省、市、县协同推进,分层次地建立项目各级推进工作组,省委、省政府通过调整文旅产业领导小组组成成员加大对项目的协调和指导工作力度,省文化和旅游厅成立的工作领导小组加大机关各处室、直属单位或下属单位的组织与统筹工作力度,市(州)县文旅主管部门协同领导小组负责协同推进,按照属地原则,县(市、区)文旅主管部门共同参与,有关部门(单位)依职能职责,齐抓共管、协同共推,同时广泛发动社会公众积极参与,从而构建了"智游天府"建设的各级工作推进组,形成省、市、县上下协同推进项目组织与实施工作,确保事事有人管、事事能落实、事事见成效的组织生态。

"智游天府"建设启动之初便得到省委、省政府的大力支持。2019年2月,省委、省政府调整了省文化和旅游产业领导小组组成人员,成立了以省长为组长,省委宣传部部长、分管副省长为副组长的全省文化和旅游产业领导小组,高位推进项目组织及协调工作;省文化和旅游产业领导小组充分发挥组织和统筹协调作用,强化督促指导和工作协调;各成员单位主动谋划、积极作为,形成推动文化旅游发展的整体合力。建立沟通协调、跟踪督办、信息通报机制,确保文化旅游发展各项政策落地落实,促进文化旅游产业健康发展。

2019年10月,四川省文化和旅游厅成立了全省文化旅游公共服务平台建设工作领导小组及办公室,领导小组由厅党组书记、厅长亲自挂帅任组长,领导小组成员由21个市(州)文旅主管部门、厅机关处室和直属单位一把手组成,领导小组下设办公室,由科教处处室领导及信息中心主任等相关人员组成，负责"智游天府"建设的日常管理工作。明确了领导小组及办公室职责，为平台建设给予组织保障。分群体建立全省、厅机关各处室、21个市（州）工作群23个，涉及人员达2000多人，构建了多级联动和信息沟通机制，形成了全省文旅行业共同参与的组织保障体系，保证各项工作的推进和落地。

在推动文旅融合实践中，四川省文化和旅游厅组织政府相关部门、高等院校、科研机构、专家学者共同探索"智游天府"如何实现以文塑旅、以旅彰文。推动文化和旅游融合发展，以文化引领旅游发展，以旅游促进文化繁荣，打造富有文化内涵、文化特色鲜明的旅游精品，让人们在旅游中感悟文化之美、增强文化自信。为了将"智游天府"建设成一个真正能实现文旅融合的数字文旅生态体系，成为一个繁荣而有序的巨系统，需要强大的组织保障，需要建立管理高效、开放多元、共生互生的组织体系，把各种"离散"的组织、机构、个人等有机地联结起来，形成一个共同发展、相互依存的整体，形成由政府管理部门、文旅企事业单位、建设运营企业、金融机构、社会组织、专家智库、创新创业者等广泛参与组成的"智游天府"组织生态。

（一）多级一体联动

"智游天府"是一个面向公众提供一站式服务的，纵贯省、市（州）、县（市、区）及文化旅游相关企业的开放性平台。按照全省"一盘棋"的方式推动"智游天府"的建设与运营，在全省范围内提供统一的文化和旅游公共服务，汇集全省文化旅游数据资源，实现文化旅游数据化运营，形成一个"物理分散、逻辑相通、独立运行"的公共服务体系。全面推进形成集政府管理、公众服务、宣传推广等于一体，省、市（州）、县（市、区）和企业多级联动、相互协同的全省文化旅游公共服务平台。

省级平台依托省政务云建设，是直接面向公众的统一入口，可汇聚文旅产业各方数据，打破信息孤岛，实现数据交换和共享。省级平台将文旅行业共性需求按照SaaS服务模式建设，按需分配给市（州）和县（市、区）使用，同时面向全省提供服务；市（州）平台原则上依托本市（州）

政务云建设，满足本地个性化内容需求，纵向接入省级平台，汇聚县（市、区）平台数据，是本市（州）居民和游客的访问入口（公众也可从省平台进入）；县（市、区）平台原则上依托本市（州）政务云建设，根据实际情况，可在当地建设边缘云，用于处理和保存本地数据。如果上级机构搭建了 SaaS 服务模式的业务应用，下级机构原则上都应该通过 SaaS 应用进行业务处理，避免重复建设。自建系统也需遵循相关标准与规范，保证上下级间的互联互通、集成共享。市（州）和县（市、区）平台可突出本地特色应用，立足本地资源，从产品、渠道、价格和宣传等方面多维度、全方位开展目的地营销与服务。

（二）落实责任清单

"智游天府"建设以制度创新、组织创新为抓手，构建上下衔接、统筹有力的组织体系，以"清单制＋责任制"的项目化方式抓好项目实施工作。实行目标管理，落实责任单位，把项目的工作任务进行工作结构分解（WBS），明晰省厅机关各处室、直属单位和下属单位、各市（州）、县（市、区）工作责任，明确时间表、路线图，责任落实到人，挂图作战、对图销账，强化责任落实、协调配合和督查考核，统筹推进项目的建设。

平台建设不仅为全省文化和旅游信息化建设顶层设计起到了引领示范作用，同时也为全省各市（州）文化和旅游行政管理部门信息化的统筹规划起到了引领示范作用。《四川省加快"智游天府"全省文化和旅游公共服务平台建设实施方案》明确了建设实施组织的责任清单，见表5—1。

表 5－1　建设实施组织责任清单

序号	建设任务	任务清单	责任单位
1	全省文旅大数据中心	通过四川省政务信息资源共享平台，全面整合各类基础数据、生产数据、消费数据和周边数据，拓展全省文旅大数据中心，分类建立各主题数据库，构建纵向贯通、横向协同的文化和旅游大数据体系。支持各市（州）、县（市、区）按照统一标准规范，结合自身应用实际，依托政务云统筹规划建设当地文化和旅游大数据中心	各市（州）人民政府，文化和旅游厅、省发展改革委、经济和信息化厅、省大数据中心
2	全省文旅综合管理平台	按照标准统一、科学规范的原则，结合省、市（州）、县（市、区）各级文化旅游行政管理部门业务需求，建设全省文旅综合管理平台。在满足与省"互联网＋监管"平台对接要求的基础上，建设产业监测、指挥调度、决策支撑等子系统。鼓励有条件的市（州）探索建设软件服务（SaaS）模式的综合管理系统，推动各县（市、区）自主上线满足个性化管理需求的特色应用	各市（州）人民政府，文化和旅游厅、经济和信息化厅、省大数据中心
3	全省文旅公众服务平台	加强与"天府通办"对接，设置"直通文旅"分站点，通过智能手机、导游机等移动终端，为公众提供旅游在线咨询预订、电子支付、投诉维权等全过程、一站式服务，构建面向社会公众的智慧化公共服务体系。充分考虑国际游客需求，合理增加多语种导览、查询、支付等功能。支持有条件的市（州）建设本地文旅公众服务平台，并实现与省级文旅公众服务平台互联互通	各市（州）人民政府，文化和旅游厅、经济和信息化厅、省大数据中心

数字
文旅探索
——「智游天府」的创新与实践

序号	建设任务	任务清单	责任单位
4	全省文旅宣传推广平台	以"天府三九大·安逸走四川"为品牌营销核心,以服务企业、服务游客为目标,以节会、推介活动为抓手,打造全省文旅宣传推广平台,构建覆盖广播电视、平面纸媒及网络新媒体的全方位、多层次的媒体推广体系,形成具有公信力、权威性、时效性的全省文旅资讯和宣传推广媒体联盟,将四川文化旅游产品推向国际	各市(州)人民政府,文化和旅游厅、经济和信息化厅、省大数据中心
5	智慧化文旅信息标准体系	大力推进智慧旅游城市、智慧景区、智慧文旅小镇、数字图书馆、数字文化馆、数字博物馆以及"共享交换"等方面标准化建设工作,探索建立全省文化和旅游信息地方标准体系	文化和旅游厅、经济和信息化厅、省市场监管局、省大数据中心
6	推动文旅数据归集共享	做好与省直有关部门(单位)的数据对接和共享,大力推进与市(州)、县(市、区)以及文博场馆、旅游景区、度假区等的数据对接和共享。通过四川省政务信息资源共享平台,争取与国家相关部委数据实现对接和共享。积极支持文化旅游领域企事业单位业务上云,尽快实现更多的文旅产品、服务与"智游天府"全省文化和旅游公共服务平台实时数据对接	各市(州)人民政府,文化和旅游厅、经济和信息化厅、公安厅、自然资源厅、生态环境厅、水利厅、农业农村厅、商务厅、省卫生健康委、省体育局、省林草局、省大数据中心、省气象局
7	支持开展文旅智慧化示范推广	鼓励推广文旅智慧化集成应用,支持探索设立文化旅游智慧化科技专项资金、产业扶贫专项资金。开展全省智慧文旅示范县(市、区)、智慧文旅示范单位创建,支持市(州)、县(市、区)及文化旅游企事业单位等加大智慧化建设投入、提升智慧化服务水平。持续办好文化和旅游新技术应用大会,大力推广智慧化新技术成果应用,培育智慧文旅产业生态体系	各市(州)人民政府,文化和旅游厅、经济和信息化厅、科技厅

责任清单厘清各单位职责,通过专题(联席)会议方式,定期进行沟通,确保各项任务的落实和推进。建立职责明确、数据量化、奖惩分明的考核机制,明确各参与方职责边界,确定关键节点,实施公共服务平台运

行绩效考核，构建完整的评价机制并公示，纳入各级工作考核体系。

（三）建设文旅智库

文化和旅游产业的高质量发展离不开人才驱动和智力支持。文旅产业的持续健康发展，需要文旅智库专家团队的支持。文旅智库专家通过加强文旅理论研究、文旅技术研究、课题研究、信息监测，从文化和旅游产业全局性、战略性、现实性方面，为四川省文化和旅游产业发展提供引领、指明方向，推动文化、旅游和科技人才队伍建设。同时，结合四川省文化和旅游产业发展需要，推动文旅智库在文旅产业政策、发展方向、标准规范、理论研究与技术开发等方面建言献策。

"智游天府"通过建立专家管理系统，统筹全省文旅各领域专家库信息，对接省内其他部门专家库，依托全国各地政府部门、行业机构、高等院校、科研院所、专家、学者、企业等建立领域广泛、特色鲜明、定位清晰、规模适宜的文旅行业智库。推动智库专家跨地区、跨平台、跨领域交流合作，为四川省文化和旅游领域创新发展提供决策参考和智力支持，提高管理和决策的科学化、规范化水平。建立文化和旅游决策咨询委员会，为文旅产业发展中的重大问题、重大战略、重大政策提供决策咨询和评审建设。

《四川省"十四五"文化和旅游科技创新规划》强调要强化文化和旅游科技研发和成果转化，主要包括以下几个方面[①]：

（1）文化和旅游理论研究。围绕四川省文化和旅游主要理论前沿课题、重点发展战略规划和重大行业需求，深入开展人文艺术学、公共管理、文化产业、旅游经济、文旅融合等研究。聚焦巴蜀文化、三国文化、川渝传统戏剧曲艺及现代展示方式、非物质文化遗产传承保护、山地旅游、藏羌彝民族旅游等领域开展研究。针对文化和旅游行业重大科技问题，开展旅游数字化和信息化前沿技术、共性关键技术等研究。

（2）文化和旅游技术研究。增加科技成果的有效供给，满足文化和旅

---

① 四川省文化和旅游厅：《四川省"十四五"文化和旅游科技创新规划》，2022 年。

游行业的科技需求。在山地旅游、数字文博、旅游设备、旅游安全、景区地质灾害防治等领域加强研发，推动人机交互、数字孪生、北斗导航等技术在文化和旅游领域的创新应用和典型应用。支持文化艺术内涵挖掘与理论及技术研究、传统文化资源与材料工艺的复原复现和文化公园保护监测、面向大众旅游服务创新的关键技术等创新研发。加强云计算、大数据、物联网、5G、人工智能、区块链等技术理论研究成果在文旅产业链中的应用转化。

（3）文化和旅游装备研究。建立文旅新技术、新装备、新项目目录，支持自驾车、低空飞行、游艺游乐装置、适老化设施、移动式旅游厕所等装备设施研制。推进 AR/VR 增强现实、超高清视频等文化和旅游产品装备关键技术研发。推动适用于山地旅游、冰雪旅游专用装备及高海拔地区的特殊旅游装备研究。加强低能耗、高安全、智能化的旅游交通装备研制和非接触式服务智能装备研发。推动文化和旅游创意产品开发与现代科技融合发展。

这些领域的科学研究与成果转化都离不开文旅智库的智力支撑。"智游天府"中的专家管理系统汇集了来自全国政府部门、高等院校、科研院所、行业机构、知名企事业单位的具有较强的理论和专业知识、丰富的实践经验以及良好的职业道德的专业人员，涉及文化和旅游的 22 个大类、上百个专业 2500 多名各类专家学者，构建了四川省文旅智库，使文旅智库专家更加方便、灵活地参与文旅领域发展规划及产业政策的制定。依托文旅智库加快实现"政产学研用"一体化，建立以企业为主体、以用户为中心、以市场为导向的开放创新平台，实现模式创新、技术创新、开放创新、协同创新。

（四）志愿者参与

为推动四川省文旅志愿者服务水平，四川省先后印发了《四川省文化旅游志愿服务工作指南》和《2021 年四川省文化旅游志愿服务工作方案》，加快推进全省文化旅游志愿服务工作规范化、品牌化建设，提升管理水平和服务质效，充分发挥文旅志愿服务在构建现代公共服务体系中的

"最后一公里"作用。2021 年 3 月，依托四川省文化和旅游厅"智游天府"，四川省文化旅游志愿服务信息管理平台正式上线运行，平台创新运用移动互联网、大数据、人工智能等现代科技手段，提升文化旅游志愿服务的数字化水平，并积极与国家志愿服务管理平台的数据对接，实现平台的数据互通和信息共享。

根据《四川省文化旅游志愿服务工作指南》要求，成立各级文化旅游志愿服务协调机构。在四川省文化馆成立四川省文化旅游志愿服务总队，各市（州）、县（市、区）、乡（镇）相应设立文化旅游志愿服务支队、大队、分队，负责文化旅游志愿服务工作的组织协调及相关工作的考评、信息平台管理等。组建文化旅游志愿服务团队，要求省、市（州）、县（市、区）、乡（镇）公共文化服务机构、星级旅游饭店、A 级旅游景区、旅游集散中心，以及文化和旅游部门管理或业务指导的单位、社会团体组建文化旅游志愿服务团队。

四川省文化旅游志愿服务信息管理平台依托四川省文化和旅游厅"智游天府"，在国家志愿服务管理平台基础上，增加自动积分、统计、排序及优秀案例展示等功能，建立全省统一的信息管理平台，规范文化旅游志愿服务及其管理工作。四川省文化旅游志愿服务信息平台是服务于文旅行业志愿者管理机构、志愿者服务团队、志愿者和志愿服务项目等的数字化平台，实现了志愿服务的需求征集、招募注册、运行管理、项目申报、项目推送、数据采集、数字档案、激励督察、资源整合、培训交流等功能。平台以 APP、网站、微信公众号、微博等多种形式呈现，构建四川省文化旅游志愿服务智慧运行体系。平台还具有针对志愿服务绩效的行政管理功能、档案记录功能、宣传展示功能，进一步提升了文旅志愿服务的科学、规范化管理水平。

四川省文化旅游志愿服务信息管理平台的维护管理由各级志愿服务协调机构负责。平台构架分设"公众端"和"管理端"。"公众端"面向社会设置"登记注册""信息动态""活动记录""风采展示""志愿培训""我的积分"等栏目，搭建开放的文化旅游志愿服务信息管理平台；"管理端"

针对行政部门内部管理设置"组织机构""政务信息""数据统计""项目管理""积分排榜"等栏目，用于文旅行政部门以及志愿服务机构对志愿服务工作的管理和指挥协调。

四川省文化旅游志愿服务实行积分制管理，建立文化旅游志愿服务计时计分体系。建立"巴蜀春风"特色的品牌体系，按照"金牌、银牌、铜牌"分设三个等级。以志愿者、志愿服务团队、志愿服务项目的累计积分为依据，实施"巴蜀春风"志愿服务等级评价；建立文化旅游志愿服务协调机构评价体系，加强文化和旅游部"春雨工程""阳光工程""圆梦工程"等志愿服务"国家品牌项目"的管理机制，以年度积分全省排序，为前100位志愿者、前10位志愿服务团队、前10位志愿服务项目、前10位志愿服务协调机构颁发"年度优秀"证书（奖牌）等。文化和旅游厅公共服务处负责全省文化旅游志愿服务工作，各级文化旅游部门、志愿服务协调机构要明确责任单位和责任人，建立工作机制，共同加强志愿服务工作管理。

为抓好志愿服务队伍宣传招募，要求各级文旅主管部门、公共文化服务机构、旅游景区积极发动本系统、本单位干部职工积极加入文旅志愿服务队伍。按照"市（州）本级不少于10人、县（市、区）本级不少于5人、乡镇（街道）不少于2人、村（社区）不少于1人"的基础标准，把文旅志愿服务队伍建设成为服务基层、服务群众的有生力量。截至2021年6月底，纳入全省统一管理的注册文旅志愿者突破10万余名，志愿服务团队达2487个，全省文旅行业近2500家单位共发布1900多个志愿服务活动招募项目。下一步，四川将进一步推进文化和旅游志愿服务制度化、规范化、常态化发展，壮大文化和旅游志愿者队伍，丰富志愿服务活动，使文化和旅游志愿者成为文旅公共服务队伍的重要补充力量。

（五）创新运营组织

"智游天府"是四川省文化和旅游厅在文旅融合、数字文旅全面兴起的大背景下，结合全省文旅产业现状、资源环境、商业业态等要素，以"政府引导、企业主导、市场运作"的方式，打造"1＋1＋N"的运营模式，即由四川省文化和旅游厅牵头建设，以川内国有企业为核心，社会资本广泛参与的运营合作机制和高度市场化运作的产业联合体。统筹做好政府、企业、游客（公众）"三端"建设，着力打造资源整合、产品创新、智慧服务、宣传营销、金融服务"五位一体"运营体系，形成开放型的运营合作体系，推动构建四川数字文旅产业生态圈。

"智游天府"具有开放对接体系，可充分利用四川省文旅创客服务平台的资源体系，通过技术开放、数据开放、应用开放，吸引更多公众、创客团队、中小微企业参与平台建设，激发文旅产业主体活力，焕发平台生命力，推动文旅产业创新发展，把政府的工具平台变成社会平台、公众平台。

二、协同运行

"智游天府"是国内首个文化和旅游融合的省级平台，不仅在形式、内容和数据上进行实质性的融合，更是在产品、线路以及服务上进行探索性的融合。平台着眼于增强"服务公共性、文旅融合性、理念先进性"，作为一项复杂的系统工程，涉及领域多，关联部门多，统筹事项多。要完善协调决策和推进机制，形成纵向、横向部门多级联动、齐抓共管的协同运行机制。"智游天府"按照全省"一盘棋"推动覆盖全省的文化旅游公共服务平台的建设，在四川省文化和旅游产业领导小组指导下，以改革的思路和办法破除文旅融合信息化平台建设的体制机制障碍。四川省文化和旅游厅具体落实具体工作，横向建立了由工信、发改、科技、教育、交通、体育等多部门参与的文化和旅游与科技融合发展的工作机制，纵向建立了省、市（州）和县（市、区）联动的协同工作机制和服务机制。在明晰牵头部门、责任部门等主体工作职责的情况下，充分依靠省、市（州）、县（市、区）政府共建共享，社会企业共同参与，构建统一领导、上下贯通、分组协同、执行有力、协调顺畅、联动高效的建设组织管理体系和政府治理体系。整合全省文化旅游优势资源，探索文旅融合建设运营模式、文化旅游现代化治理管理新模式，加快构建政府主导、企业主体、社会参与的综合协调机制，形成统筹规划、分工合理、权责明确的"智游天府"协同运行组织生态体系。

 三、联合创新

"智游天府"项目在实施过程中以制度创新为抓手，完成以下几个方面的工作。一是落实内部责任。按照"工作项目化、项目清单化、清单责任化"要求，落实厅机关各处室、直属单位和下属单位工作责任，按照业务工作需求统筹推进项目建设。二是横向强化协作。争取省政府办公厅印发文件支持，通过省大数据中心、网信办、科技厅等多个部门建立协同机制，使平台成为全省政务服务云的重要内容。三是纵向行业联动。通过平台文化旅游公共服务建设，为各地、各单位提供展示和宣传营销的渠道，充分调动各市（州）、区县和行业组织的积极性、主动性。四是实现与"惠游重庆"数据互通，实现川渝两地用户一体化，使川渝群众出游更加便捷。

"智游天府"以《四川省"十四五"文化和旅游科技创新规划》中确定的"以科技创新赋能文化和旅游发展，加快建设世界重要旅游目的地和文化旅游强省"发展目标作为未来建设的核心任务，以科技创新催生新发展动能，突出创新对文化旅游各领域以及科教工作自身的关键作用，推进机制创新、模式创新和业态创新，将创新作为推动四川省文化和旅游产业不断发展的主要动力和新兴优势。

四川省充分调动高等院校、科研院所、高新企业等各类主体在文旅领域开展相关研究的积极性，鼓励和引导与四川文旅发展战略密切相关的文旅基础理论、新型装备、数字技术等领域的科研和技术创新，确立有四川特色的文旅科研优势领域，形成一批有开创性和先进性的典型研究成果。加强科研创新成果的应用转化，促进科研创新成果与应用主体的对接融合，提升科技创新成果在文化艺术传播、文物发掘保护、非物质文化遗产传承、文化和旅游公共服务增效、文化和旅游产业竞争力提升等领域的应用转化效率。

加强文旅科技创新载体建设，按照《四川省"十四五"文化和旅游科技创新规划》中"以文化和科技融合示范基地作为全省文化和旅游科技创新和产业发展的核心载体，引导科技创新要素集聚"的要求，逐步完善"政产学研用"的文化和旅游技术创新体系，形成体系完善、相互支撑的科技创新格局。支持文旅领域的科技型龙头企业、创新型科技企业和高新技术企业发展，培育一批具有国际竞争力的文旅科技创新企业，鼓励孵化一批"专精特新"文旅科技型中小企业，扶持重点行业相关企业成长为具有国际竞争力的"小巨人"企业。支持科技咨询、技术评估、创业孵化、技术转移等文旅产业创新服务机构的发展。"智游天府"是四川省文旅科技创新的一个重要载体，为文旅科技创新工作者提供了一个开放式的技术生态平台，让科研人员、应用开发者能在这个开放的技术生态平台中共享数据资源、开发丰富应用，并利用"智游天府"的开放性、包容性汇聚科技工作者的集体智慧，开展文旅行业关键共性技术联合攻关和技术孵化，使"智游天府"逐步发展为四川省文旅数字经济科技创新的重要引擎。

第三节
组织工作机制

一、统筹协调机制

在四川省文化和旅游产业领导小组的指导下,"智游天府"按照"统一目标、统筹规划、分级建运、多方参与、协调一致"的基本要求进行建设。建立和完善全省文化和旅游资源信息交流协作机制,打破省、市(州)、县(市、区)、部门的条块分割、垄断和信息封锁,实现全省文化旅游信息资源的互联和共享。加大全省文旅资源整合力度,强化公共服务平台对全省文旅资源的统筹整合能力。"智游天府"建设的统筹协调机制主要体现在四个方面:一是由四川省文化和旅游厅统筹协调,充分依靠省、市(州)、县(市、区)政府共建共享,社会企业共同参与,以文旅融合为出发点,以促进文旅高质量发展为主题,以深化现代科技在文化和旅游领域的应用为主线,坚持科技赋能、智力支撑、创新驱动,促进文旅产业质量变革、效率变革、动力变革,为公众提供高质量和高水平的公共服务,构建贯穿管理、服务和宣传推广的省、市(州)、县(市、区)、企业多级联动的公共服务平台,形成"横向到边、纵向到底、上下联动、齐抓共管"的数字文旅建设新格局。二是四川省文化和旅游厅引导全省各级、各地在科研、标准化、信息化等重点领域切实加强规划实施的组织领导和统筹协调,形成分工合理、权责明确的协调推进机制。整合全省各级平台资源，发挥更大综合效能，各地建立和完善文化和旅游工作领导机制，形成党政统筹、齐抓共管的文化和旅游工作格局。各级文化和旅游主管部门具体抓落实，建立健全相关工作机制，履行规划统筹、督促落实、沟通协调等职责。制定规划实施方案，加强考核评估，将文化和旅游科技创新工作考核结果作为文化和旅游工作绩效考评的重要内容。三是强化横向协作，争取省政府办公厅印发文件支持，与省大数据中心、网信办、科技厅等多个部门建立协同机制，使平台成为全省政务服务云的重要内容。四是纵向行业联动，通过文化旅游公共服务平台建设，充分调动各市（州）、县（市、区）和行业组织的积极性、主动性，为各地、各单位提供展示和宣传营销的渠道。

二、项目沟通机制

项目沟通是项目管理过程中的必要组成部分，是项目相关方人员之间针对项目各种情况进行信息互通的环节，也是项目组织生态中的一项必备组成要素，是项目各组织之间协同工作的桥梁。项目沟通需确保项目的相关信息都能及时准确地传递给参与项目的重要决策人员、项目实施团队和其他的项目关联人员。项目管理人员通过采用多种沟通渠道和有效沟通方式，让项目参与人员充分了解项目的建设目标、主要任务、时间节点、质量要求以及实时进展情况，将责任分工不同、专业背景不同、技能水平不同、管理层级不同的项目参与者高效地协同组织起来，确保项目保质保量地按时交付。

项目中的每一成员都应当了解沟通是如何在整体上影响项目的。在组织中的沟通渠道主要分为正式沟通渠道、非正式沟通渠道。在项目管理过程中，可以采用多种沟通方式进行信息交流，主要包括如下方式：

信息交互式沟通。在双方或多方之间进行信息交换与共享，使各方相互了解彼此想传递的意图和内容。可以通过现场会议或远程视频会议、语音电话、即时通信工具等方式实现项目参与成员的信息互动与高效沟通。

信息推送式沟通。它是由信息发送方主动向信息接收方进行单向信息推送的沟通方式。这种沟通方式可以实现向特定的信息接收方发布信息，如会议纪要、工作日志、新闻稿、报告、备忘录、电子邮件等。

信息获取式沟通。项目管理机构需要构建与项目密切相关的知识库体系，以满足项目参与人员对相关项目信息和知识进行查询访问的需求。由于信息接收者对项目自身的信息和相关知识领域的信息需求面较广，因此需要建立多种渠道的信息获取途径，如企业内网、项目管理平台、在线课程、专业知识库等。

为了让项目团队人员更好地参与项目实施过程，需要根据成本控制、时间要求、沟通目标和资源情况等因素来确定具体的项目沟通方式，实现低成本、高效率、高质量的信息交流与决策制定。会议方式是项目管理过程中常用的方法，需要项目团队对项目的工作内容进行集中讨论和交流，以便确定最合适的项目管理和实施方法。会议可在不同的地点举行，可以是现场会议或远程网络会议，通过采用多种类型的项目会议方式实现项目沟通的目的。

"智游天府"项目的沟通方式主要采用较为正式的项目会议形式，用户、监理和实施单位会根据不同的会议主题需求酌情委派合适的人员参加会议，项目管理人员也会根据会议内容邀请其他协作单位或智库专家参会。项目会议一般都有明确的会议主题，有具体的会议地点、时间、参会人员和主要议程，有规范的会议组织流程，会上形成具体的实施办法、工作计划和任务分工。"智游天府"项目采用的项目沟通方法主要包括以下几种。

（一）专题会议

"智游天府"专题会议制度的目的在于促进各项专项工作制度化、规范化、程序化推进，提高议事效率，保证会议质量，推进各项工作落到实处。"智游天府"专题会议由"智游天府"领导小组办公室组织，采用定期和不定期方式召开，专题会议一般由议题相关处室（单位）负责提交议题，在会前认真调研，并征求有关领导和部门的意见。涉及多个部门业务协同的会议议题，需要各部门在会前充分讨论、交换意见，最大限度取得共识，提高会议形成决议的效率。对于专题工作会议的决定事项，相关部门要认真落实，负责检查、督办，并及时向上级领导和有关部门反馈落实情况。平台在建设中召开的专题会议主要包括项目启动会议、项目进度周例会、月度专题会议、季度专题会议、平台上线测试专题会议、专家评审专题会议、系统培训会等，主要议题包括沟通、协调和解决项目推进过程中遇到的各种问题及督办推进重大事项的落实情况。

项目启动会议：由省文化和旅游厅工作领导小组组织，文化和旅游厅机关相关处室、直属单位、承建单位、监理单位及相关协调单位共同参与项目启动的首次工作沟通会，项目建设单位和监理单位向承建单位明确项目建设目标、工期要求、建设内容、沟通机制（包括项目例会机制、需求变更机制、问题处理跟踪机制等），成立项目工作领导小组等工作要求，参会人员视项目建设类型及项目规模确定。"智游天府"项目召开了全省启动会，文化和旅游厅机关各处室、各直属单位和省文物局负责人以及各市（州）文旅主管部门负责人、联络人员等近100人参加了启动会议。厅领导要求各参与单位要全力配合、落实责任，明确专人协调，确保项目推进顺利；强化督查、严格考核，确保全省文旅重大建设项目取得成效。

项目进度周例会：在项目建设期间，每周举行一次，由文化和旅游厅工作领导小组办公室组织，文化和旅游厅分管领导、科教处、信息中心、相关处室、承建单位、监理单位参会。会议主要内容包括承建单位根据工作计划汇报项目每周建设进度情况、工作落实情况、督办事项完成情况、专项工作准备或执行情况和下周工作安排等内容。建设单位根据承建单位完成情况进行进度检查、事项督办、协调和处理工作中遇到的各种问题。承建单位在会前须准备汇报PPT及会议相关纸质资料，会后形成周例会会议纪要。

月度专题会议：在项目建设期间，每月举行一次，由文旅厅工作领导小组办公室组织，分管厅领导、科教处、信息中心、相关处室、承建单位、监理单位参会。会议主要内容包括承建单位根据项目月度工作计划对项目整体完成情况、月度重点工作执行或落实情况、督办事项或专项工作准备或执行情况进行总结性汇报，向监理、文化和旅游厅提交下月工作计划安排，建设单位根据承建单位完成情况进行进度检查、事项督办，协调和解决项目实施过程中遇到的各种问题。找出项目存在的问题或偏差，及时采取措施进行纠偏或进行问题诊断，提供解决问题的方法，建立项目定期总结汇报制度及项目跟踪保障机制，保证项目顺利推进。承建单位在会前需要准备汇报 PPT 及会议相关纸质资料，会后形成月度专题会议纪要。

季度专题会议：每季度举行一次，由文化和旅游厅工作领导小组办公室组织，厅长、分管厅领导、科教处、信息中心、相关处室、承建单位、监理单位参会。厅领导、分管厅领导听取项目建设工作领导小组工作汇报以及重大事项推进落实情况，明确需要协调横向厅、局的相关工作，对全局性工作、重点工作进行指导和部署。工作领导小组办公室在会前需要准备汇报 PPT 及会议相关纸质资料，会后形成季度专题会议纪要。

专家评审专题会议：根据项目建设的需求，不定期召开专家评审会议。主要是对平台系统架构、技术方案、标准建设、实施方案、项目需求变更等方面进行技术、经济、管理可行性评审论证，保证平台在文旅产业全局性、可行性、先进性、安全性等方面符合项目建设要求，在文旅产业政策、行业发展方向、标准和技术规范等方面建言献策。承建单位配合工作领导小组办公室在会前需要准备汇报 PPT 及会议相关资料，会后形成专家评审专题会议纪要，便于指导或优化相关工作。

（二）专项会议

根据《四川省文化旅游公共服务平台建设指南》要求，在"智游天府"项目建设期间，召开了十多项专项会议。要求各市（州）落实对县（市、区）站点（平台）的工作指导和工作要求，对文旅企事业单位的信息上报做好督促和管理,并做好工作协调和沟通,属地化建立"市、县、企业"联动的沟通协作机制,与省级平台有效联动互通。为了推进全省工作形成联动机制,四川省文化和旅游厅向省厅机关各处室、直属单位,各市(州)及县(市、区)、涉旅企业下发了相关专项工作的通知,并且组织相关人员参与相关工作的推进。相关专项工作的通知清单如下:

- 《关于成立文化旅游公共服务平台建设工作领导小组的通知》
- 《关于做好"智游天府"全省公众服务平台运行测试工作的通知》
- 《关于做好智游天府文化旅游公共服务平台管理工作的通知》
- 《关于做好"智游天府"公共服务平台数据采集规范和启用"智游天府码"工作的通知》
- 《关于进一步做好智游天府码使用的通知》
- 《关于做好智游天府四川文化和旅游公共服务平台测试版上线仪式活动的通知》
- 《关于智游天府四川文化和旅游公共服务平台测试上线更改时间及分会场要求的通知》
- 《关于智游天府公众端测试版相关工作安排的通知》
- 《关于进一步做好智游天府公共服务平台数据采集和智游天府码使用的通知》
- 《关于做好近期重点旅游景区、博物馆、图书馆预约预定相关工作对接的通知》
- 《关于做好全省旅游景区预约预定相关工作对接的通知》
- 《关于做好 A 级旅游景区视频监控系统对接相关工作的通知》
- 《关于开展 2020 年直属单位网络安全现场检查和智游天府平台运营数据检查工作的通知》
- 《关于开展预约预订及视频监控接入"智游天府"平台专项工作调研的通知》
- 《四川省文化和旅游厅办公室关于开展全省投诉和举报系统培训的通知》

（三）日报和周报

"智游天府"建设期间，利用微信、QQ等即时通信工具建立项目工作、技术交流工作群23个，通过发送日报、周报方式向项目工作领导小组汇报每日或每周工作开展情况，建立互动式的日报、周报沟通机制。发送日报不仅可以让项目领导小组相关领导及成员及时了解项目日常事项、重点事项、进展情况及工作开展情况、督办工作落实情况等信息，还可以提醒需要领导协调沟通的事项，提升了项目沟通与推进效率。

 三、工作考评机制

为确保"智游天府"高质量建设，圆满完成各项工作任务，建立了职责明确、数据量化、绩效挂钩、奖惩分明原则的考核机制，明确各参与方职责边界，确定关键节点，实施公共服务平台运行绩效考核，构建完整的第三方评价机制并公示，纳入各级工作考核体系。考核机制对应运行机制，以各细分业务固化流程为主线，量化考核细则，涵盖运行机制各参与方。首先把项目的各项工作任务分解细化为责任清单，并将工作责任清单落实到责任人，明确厅机关各处室、直属单位和下属单位工作责任清单，按照"工作项目化、项目清单化、清单责任化"要求，统筹推进各项业务的建设。一是明确实施路径，有序推进落实。结合工作目标，对项目的各项任务进行梳理，把任务清单化。二是明确节点管控，统筹协调落实。以"时间表＋路线图＋责任人"为形式，建立"周例会＋月例会"制度，对项目工作结构（WBS）任务清单进行动态管控，做到任务明确、销号管理、紧抓落实。三是明确跟踪问效，监督促进落实。做到奖惩分明，进一步健全完善绩效考核管理办法，建立督查机制，每周按照完成时间和节点，检查本阶段工作落实和推进情况，每月公开公示。

为保障"智游天府"项目顺利实施，在明确各单位责任清单基础上，按照数据量化、绩效挂钩、奖惩分明原则的考核机制，明确各参与方的职责边界，确定任务的关键节点，实施任务目标绩效考核，通过"智游天府"的晾晒台系统进行公示，并纳入各级工作考核体系。各市（州）、县（市、区）政府同样根据"智游天府"责任清单，针对本地实际情况，制定规划和实施方案，对规划和方案的实施情况进行动态监测和状况分析，确保各项规划目标任务顺利推进。健全规划实施监督考评制度，对规划确定的调控目标进行跟踪检查，作为各地文化和旅游工作考核的重要依据。

第六章 "智游天府"应用生态体系

本章聚焦"智游天府"的应用生态体系，深入剖析了平台如何依托统一的中台能力，构建大数据中心，为文旅管理、企事业单位和游客提供丰富多样的场景化应用。平台从云到中台，再到具体应用，共同构筑了数字文旅的应用生态体系。

第一节
云

"智游天府"利用云计算优势,为文旅行业提供基础资源服务,可以有效支撑行业级应用,灵活应对复杂的业务场景以及后续业务的扩展。"智游天府"全面支持政务云、商业云和行业云部署,同时考虑"云+边+端"的混合部署模式,以满足不同应用场景的业务需求。

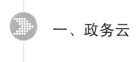

一、政务云

政务云是各地方政府政务数字化转型的关键基础设施,能够符合其对安全保障的要求,且能满足各省级"国资云"平台要求。

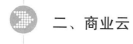

二、商业云

能部署系统在国内的主要商业云(包括但不限于阿里云、腾讯云、华为云和浪潮云等），可按用户要求，采购相关数据安全防护模块，并实现数据对接与共享。

三、行业云

能部署系统在国内的文旅行业云，为文旅企业（B端）上云提供算力、存储等 IaaS 基础设施、PaaS 中台能力、SaaS 应用等服务内容。通过文旅行业云，可实现文旅 G、B、C 三端数据的互联互通。

第二节
中台

面向文旅产业的"中台"，是基于云服务模式的基础性云平台，是面向文旅产业的技术服务"公共品"。它通过构建关键共性技术能力，为文旅行业提供基础性的技术支撑与技术能力，行业内主体均可通过"上云"方式，利用基础云平台完成工作业务。"中台"具备文旅产业技术平台的开放性，能为产业链中的企业进行技术赋能，使文旅产业生态中的中小微企业、龙尾企业享受到企业成长所需的技术"公共品"服务，促进企业实现低成本的数字化转型升级。

"智游天府"的中台是面向文旅领域关键共性技术的能力集成平台

（PaaS），可以不断积累和沉淀文旅行业的关键共性技术和数据资源。在共性技术方面，提供大数据、人工智能、区块链等基础服务，形成面向文旅行业的"中台"能力，着眼于文旅复杂的应用环境，结合先进的容器（docker）技术和中间件技术，为行业应用系统的设计开发提供一站式、全生命周期的服务，包括应用系统的设计、开发、部署、维护等，大大减少开发量和维护工作量，帮助用户快速构建云分布式应用；在数据应用方面，形成高效可靠的数据资产化和数据应用体系，实现驱动业务、运营及商业模式的创新。

一、中台的概念

"中台"是资源整合高效利用的创新模式，是生产方式和管理方式的变革，无论是技术中台、数据中台还是组织中台的建设，都是围绕提高效率、降低成本，满足前端需求快速变化的需要开展的。中台类似于标准化下的企业资源库或能力库，是各业务板块间的协同中枢。中心化、平台化、中台化关系如图6-1所示。中台、前台、后台的配合关系如下：

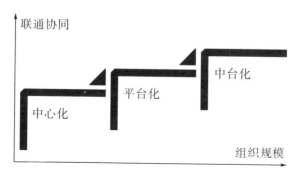

图 6-1　中心化、平台化、中台化关系

前台，是和终端客户直接接触的界面，根据客户实际业务需要组织开发团队进行定向开发并呈现给客户，前台开发的关键在于对具体业务需要和逻辑的理解与实现，是组织向客户传递价值的阶梯。

中台，是对组织"通用能力"整合下沉的平台体系，以一个抽象的概念，把通用的业务整合封装后即可形成相应的业务中台。将各个项目通用的技术功能与底层架构进行封装，形成组织的技术中台；将数据与数据的分析模型进行封装，则可以形成组织的数据中台。

后台，是底层的基础能力支撑，包括基础硬件、算力资源及底层操作系统等，主要为中台和前台的正常运行提供基础支撑。

随着组织规模的扩大，组织内的联通协同也必将经历由中心化到平台化再到中台化的演进发展过程。

"中心"是为完成固定功能组建的相对独立且完整的组织，各中心内可以完成本中心的业务，但中心与中心间的界限明确，相对封闭且交互渠道单一，当组织发展到一定程度后，中心化的组织会出现各中心重复建设同一内容，且建设标准和质量不一，易造成组织内部资源浪费、系统孤立的现象。

为了去中心化，平台化应运而生，如通过云计算平台可以为不同的业务形式提供统一的计算支撑，有效解决重复建设和资源浪费的问题，但前端平台和后端平台在反应速度与资源调配之间往往也会存在速率不一致的情况，导致对前端的需求响应不及时，降低组织的市场竞争力。中台的出现是平台化组织演进的必然结果，由中台负责多部门、多系统间的协同，解决平台间及各业务子单元的协同与资源复用问题，提高前台开发效率，降低组织的科研创新成本。

（一）技术中台

技术中台是对企业基础技术能力的整合和提炼，将不同功能的技术模块进行标准化封装，通过提供相关接口和底座，为前台应用的开发、部署、监测提供统一的能力调度和管理中枢，为前台提供技术赋能，比如提供基础硬件资源的调度与分配管理，基于容器云的自动发布与部署，统一的微服务开发框架、自助化监测与运维测试能力等。基于以上功能，技术中台可尽可能地减少前台开发对于底层能力重复考虑的浪费。

（二）数据中台

数据中台以数据为对象，是数据的"中间件"，主要将系统后台及业务前台中产生的数据进行双向整合、存储、计算及产品化，构建全域级、可复用的数据资产中心与数据能力中心，提供干净、透明、智慧的数据资产与高效、易用的数据功能，一方面为前台应用的开发与创新提供数据支撑，另一方面为业务中台的更新与迭代提供所需的数据反馈，进而使得业务能够快速地实现数字化运营。

（三）业务中台

业务中台为具体业务的实现提供支撑，但其本身并不特指某项业务，其主要功能是将数据和技术资源进行抽象，形成支撑前台业务的"微能力包"，以完成后端基础性能力到前台易用能力的转换，是技术与数据到场景应用的桥梁。具体而言，业务中台不负责具体业务的实现，而是在多个业务线的逻辑层面上进行应用分离，通过统一制定标准和规范，让其他业务线知道自身有哪些服务、数据和功能，以减少沟通成本，提升协作效率，让企业的其他业务线都具备整个公司的核心产品和技术能力，使各个业务方具备敏捷快速、低成本的创新能力。

 二、中台的演进

中台介于前台与后台之间，提供一个中间层来调度适配前台与后台的配速问题，类似于一个"变速齿轮"。从技术层面上来说，中台主要通过学习部队高效、灵活和强大的指挥作战体系，培育资源整合、沉淀业务和产品技术能力，打通前台需求与后台资源的连接，提供数据能力和产品技术能力，为前台业务开展提供底层的技术、数据资源和技术能力支撑，快速响应用户需求，实现数据应用的新创新。从价值层面上来说，中台作为底层数据和技术资源到实际应用场景的价值转换桥梁，是能量流动和裂变的通道，在中台上，数据和技术能力得以共享，其作为大基座为众多应用"楼宇"提供基础支撑，通过提供可组合、可重构的、可复用的模块化功能，有效降低企业系统建设成本，进而可以激发企业持续性创新的能力。

随着企业快速的发展，组织架构变得庞大、臃肿且复杂，业务线在市场环境、企业战略、用户需求等因素的影响下被不断细化拆分，系统不断地增加，流程变得烦琐且错综复杂，最终导致野蛮生长的系统越来越不堪重负且不可维护，每个子公司与部门都建立自己烟囱式的 IT 系统或者建立烟囱式独立的数据分析平台和数据仓库，造成数据的"独——数据烟囱式林立""断——数据理解、认知以及分析断层""缺——缺数据、缺标准、缺治理""难——知数据难、懂数据难、要数据难"，使得新的业务在这样的情况之下不得不重复造轮子。这一方面导致企业资源和成本浪费，另一方面无法沉淀业务和技术能力，必须通过"企业信息化整合"的方式来改革和优化 IT 架构，以此提升企业 IT 价值，推动企业信息化进入全面数字化整合的新阶段。

三、中台的实现

中台技术是由平台化架构的发展演化而来的，而平台化架构的核心目标是标准化、降低耦合、增加复用性和集成性，进而使复杂多样的业务中的共性部分下沉到基础能力中，基于前后端分离的模式，为企业打造一个连接一切、赋能于人、形成共享的生态体。最终，以轻量、快速、高效的方式，为企业数字化转型提供更好的服务运行与开发环境。让平台服务支撑每一个应用，通过以标准而且基础的非业务功能的服务化方式，让开发人员更专注在业务功能开发上。构建中台，需要技术团队全面掌握"中台技术栈"的以下主要技术能力，包括但不限于分布式架构、容器服务、DevOps、PaaS、DataApi、KDD 知识发现、低代码开发平台、弹性伸缩、多租户、微服务等。"中台技术栈"的主要技术能力见图 6－2。

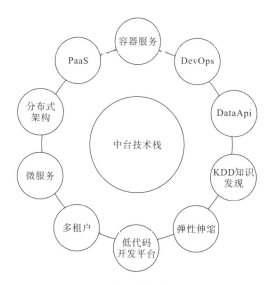

图 6－2 "中台技术栈"的主要技术能力

中台技术的核心价值主要表现在以下几个方面：

· 技术能力标准：具有高性能、高可用、高并发、弹性伸缩、应用隔离、自动化运维等能力。

· 快速响应业务需求迭代：具备丰富的能力集、规范方法、最佳实践支撑业务快速调整和创新。

· 减少低水平重复开发：减少浪费、快速推进、保证质量。

· 打造赋能组织：透明公正、数据运营驱动、精准赋能促进组织成长。

• 提高竞争门槛：加强业务融合、沉淀数据资产、转型数字产业服务。

（一）技术中台

技术中台以基础、共性技术研发为重点，为创新应用开发者赋能，减少开发量，提高开发效率，促进文旅行业数字化发展、模式创新、应用开发等研究，创新应用先进成熟科技，结合文旅行业特点，构建高可用、高复用的核心技术能力支撑平台，形成协作与创新能力。

1. 技术架构

技术中台主要包括 PaaS 通用组件、工作流引擎、报表引擎、融合通信（RCS）、物联网（IOT）、人工智能（视频分析、生物/物体识别、客服机器人、客流轨迹识别）、AR/VR、GIS（2D/3D 引擎、GPS/北斗兼容接入、地图兼容接入组件）、视频服务（50＋品牌支持、视频会商、视频直播服务）、微服务治理、微服务架构、智能运维、测试平台等。技术中台技术架构如图 6－3 所示。

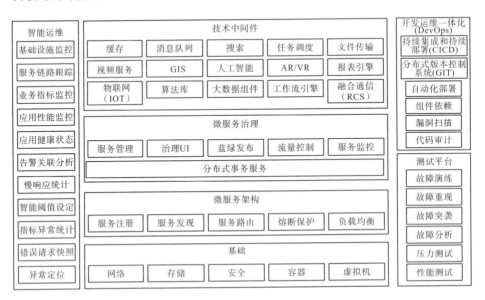

图 6－3　技术中台技术架构

2. 业务能力

为业务中台微服务提供完整能力支撑，包括容器 PaaS 云平台、DevOps 过程支撑平台、技术服务平台、API 网关和大数据集成平台，同时提供完整的开发环境和运行监控环境。

（二）数据中台

数据中台提供数据源的接入、清洗、存储、数据计算与处理、数据共享与协作、数据应用与价值挖掘以及数据运用等全链路一站式数据服务，紧密贴合业务，探索业务场景中的价值。

1. 技术架构

数据中台技术架构主要分三层，分别是数据融合层、技术支撑层和数据服务层。数据中台技术架构如图 6－4 所示。

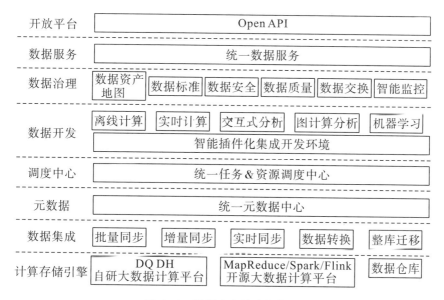

图 6－4 数据中台技术架构图

• 数据融合层（数据采集）。其主要提供数据采集汇聚融合等服务，具有支撑异构数据融合、数据管理、实时批量数据采集等功能。

• 技术支撑层（数据平台）。其主要采用 Hadoop 生态体系架构组件和相关自主研发产品支撑数据服务应用，支持数据统一管理和数据融合应用、数据建模应用。

• 数据服务层（数据应用）。其主要采用微服务架构实现数据商业智能（BI）服务应用和模型智能服务应用，以支撑智能业务应用。

数据中台提供八个核心功能板块：

• 计算存储引擎。它是整个数据中台的核心，主要提供高性能多源数据仓储和流式计算、统一动态分类存储、统一运维以及提供高效查询服务。

• 数据集成。数据集成的主要目的是对来自多数据源、多种数据结构、多存储系统的数据进行安全、可靠、低成本的数据同步。目前具备可视化向导模式和脚本模式两种任务配置方式，主要支持数据批量（离线）、增量两种同步方式，并提供整库迁移和批量上云等解决方案。数据集成提供的批量创建同步任务的快捷工具，能快速将单个或多个数据库内所有表批量上传到存储计算平台（DQ/DH）中，节省大量时间与人力成本。数据集成与大数据开发套件深度融合，可以完全复用开发套件的调度能力和同步任务的监控、报警等运维能力。

• 元数据。可简单定义为描述数据的数据，只要有数据存在的地方，就有其对应的元数据。元数据类似于"数据"的标签，是数据管理的基础。统一元数据中心，通过数据集成自动采集元数据，统一存放在元数据管理中心，用户可以查看所有元数据信息以及血缘关系等。

• 调度中心。通过任务调度，实现可视化管控和作业管控 UI、作业执行历史数据追踪、注册中心管理。实现资源分配，在适合的时间将适合的资源分配给任务并使其生效，相同任务聚合至相同的执行器统一处理，动态调配追加资源至新分配的任务。实现弹性调度，支持任务在分布式场景下的分片和高可用，能够水平扩展任务的吞吐量和执行效率，任务处理能力随资源配备弹性伸缩。通过作业治理，实现失效转移、错过作业重新执行、自诊断修复。

• 数据开发。基于业务流程进行数据开发，支持手动触发任务与调度任务开发,可以选择引擎节点、控制类节点、自定义节点进行数据清洗操作,所有操作均实现智能拖拽等可视化操作。

• 数据治理。运用元数据智能驱动技术,深度整合数据集成、数据开发、数据质量、数据安全、数据资产等服务,实现对内部数据和外部数据的分析与挖掘,充分挖掘数据中蕴含的价值。

• 数据服务。负责整个平台对外提供数据访问服务的唯一通道,统一授权,保障数据安全,系统支持可视化配置,具备零代码快速配置 API 的能力。

• 开放平台。提供开放 API、开放消息、扩展程序的能力,可以快速实现各类应用系统对接 BDSP,方便快捷地进行数据流程管控、数据治理和运维,及时响应应用系统对接 BDSP 的业务状态变化。

2. 业务能力

其主要包括指标管理、数据服务、元数据管理、数仓开发与管理、数据安全管理、数据资产管理、大数据计算引擎、数据集成/同步/交换引擎等。

(三)业务中台

业务中台具有支持多个前台业务可复用的共性服务能力,其核心是"企业级数字化业务能力复用"。通过提高业务应用开发效率和迭代速度,让前台的一线业务变得更敏捷,以速度适应瞬息万变的市场,助力企业实现快速、低成本、持续的创新。

1. 技术架构

业务中台的目的主要是解决应用场景复杂多变,应用需求快速迭代开发的难题。通过技术封装,将公共业务做成组件和模块,在新应用开发过程中,开发人员无须从头开发所有功能,可通过调用的方式直接复用业务中台中的公共功能组件,进而可以将更多的时间和精力投入定制功能的开发中,提高开发效率。业务中台技术架构如图 6—5 所示。

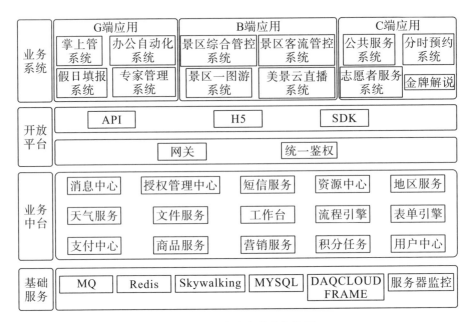

图6—5　业务中台技术架构图

2. 业务能力

业务能力主要包括开放平台、业务中台、基础服务三个部分。业务系统开发者可通过开放平台使用 API、H5、SDK 等多种方式对接由业务中台提供的工作台、用户中心、消息中心、短信服务、流程引擎、表单引擎等能力。

第三节
应用

"智游天府"的应用依托统一的"中台"能力，基于"大中台、小前台"模式，构建面向文旅领域的场景化应用生态体系。采用微服务架构，实现扩展和敏捷开发，从而加速创新并缩短新功能的发布周期，形成面向文旅的、丰富的场景化应用体系，积极探索文化和旅游线上服务新模式，激活文旅消费新市场。

"智游天府"在政府管理端引入了"工作台"的理念，以工作台的方式实现界面灵活配置，减少工作人员获取数据的路径；在企业端引入了"应用超市"的理念，构建开放多元的文旅行业应用市场。"智游天府"融合了互联网、大数据、人工智能等技术，使文旅产业数据的汇聚融合成为可能，通过丰富的管理端、企业端、游客（公众）端应用集成，形成具备融合性、整体性、开放性的数字生态。

 一、数据中心

（一）文旅大数据中心

文旅大数据中心是构建平台智慧大脑的核心，中心全面整合"多级一体"的文旅行业实体资源数据、生产活动数据、文旅消费数据以及涉及文旅行业的周边数据，构建文旅行业分类主题数据库，支撑上层应用。

文旅大数据中心与一般数据中心的建设需求存在着较大的差别。一是数据来源的多样性。文旅行业与其他行业的关联度较高，需要采集的信息数据类型较多。二是数据处理的复杂性。由于数据来源多、类型多，为实现跨行业、跨地域、跨层级数据互通共享，需要将各种来源的数据处理成统一标准的数据格式，这个处理过程较为复杂。三是数据共享的及时性。游客（公众）往往对过往数据的关注度较低，对现在及未来的数据关注度较高，对文旅数据信息的时效性要求高。四是数据分析的预测性。文旅数据分析更注重通过现有数据分析未来的趋势走向，以便文旅管理部门和文旅企事业单位提前做好各项预案准备，确保游客（公众）在文化旅游体验过程中的人身财产安全和舒适性。

"智游天府"通过建设标准统一的文旅大数据中心，推动各方数据资源的接入，消除信息孤岛，实现文旅数据融合。统一纵向、横向数据接入标准规范，建立统一规范的数据编目体系和数据编码规范等相关标准规范。全面整合文化机构数据、文化活动数据、文化资源数据及运营商数据、景区管流数据、团队数据、OTA数据、搜索引擎、旅游黄金周数据、公众出行数据、用户端应用数据和文旅资源基础数据，对游客（公众）的文化活动、文化关注热点、出行线路、旅游关注度、旅游消费行为以及各地文旅资源开发利用情况等进行全方位、多维度的精准分析，为游客（公众）的文化旅游需求、日常文旅产业运行监管、文旅资源合理配置、文化传播推广、文旅消费引导、宣传营销策略制定以及应急指挥调度提供精准的数据支撑。

（二）大数据治理

平台运用大数据技术实现数据资源的归集和治理，构建统一标准的数据模型，提升海量数据的处理效率，提供广泛多样的数据共享方式。实现对内部数据和外部数据的分析与挖掘，对外提供数据交换与数据分析服务。为政府提供决策依据，为企业运营提供决策支持、产品创新、交叉营销、服务支撑、风险管控以及流程优化等支撑服务。主要功能包含数据采集、数据治理、数据共享、数据挖掘、数据资产和数据应用等。

（三）大数据分析报告

打造以大数据分析报告的快速输出为重点的工具性平台，平台支持多维度（指标、时间周期）数据报告的自定义快速生成及文件导出。

二、面向文旅管理部门的应用

构建面向文旅管理部门的运行监管与服务应用体系（优产业）。为文旅管理部门提供多级一体的精细化管理与服务系统，利用信息化手段推进"放管服"，助力打造服务型政府，促进文旅行业的管理与服务更加规范化、科学化、智能化，有效提高行业管理部门开展行业监管、市场分析、应急处置和公共服务等工作的效能，不断提升文旅行业管理和服务能力，推动行业管理由被动、事后向全程、实时转变，促进文旅产业健康发展。

"智游天府"主要包括以下典型应用。

（一）工作台

面向各级文旅主管部门内部工作人员，提供可视化的工作界面配置，通过一个操作界面展示使用者关注的重点紧急的工作事务、通知公告、消息提醒、办公应用、统计数据等。减少工作人员获取数据的时间成本和操作步骤，提升系统的便捷性。

（二）掌上管系统

系统面向各级文旅主管部门内部工作人员，提供基于移动端的 APP 应用，实现便捷、高效的工作事务管理、统计数据查看、实时运行监测等。支持工作人员在线办公，查阅文旅动态，调看文旅企事业监控，查询景区实时客流，了解群众文化活动的开展和线上线下互动情况，提供各类统计及分析报表，帮助工作人员随时随地在线办公。

（三）办公自动化系统

系统可与掌上管系统整合，只需一个 APP 便既可办公又可开展业务监管。通过系统，可实现直接与省厅各直属单位、市级和县级文旅主管部门发文、办文、办事、手写签批等操作，有效提升各级工作效率。

（四）假日填报系统

系统旨在完成假日旅游景区、文化场馆等指标性经营数据的信息化填报和各级部门审批工作，掌握旅游市场接待、收入情况和区域性综合接待收入情况，监督文旅市场动态，汇总市场检查和举报投诉数据，完成假日数据填报过程中对下级部门及相关企事业单位的工作监督和督促，对收集到的假日数据形成科学的汇总统计及分析图表，让各级管理部门实时掌握假日文旅市场的动态情况。除 PC 端办公外，系统还支持移动办公，简化操作、提高效率。

（五）专家管理系统

系统旨在实现对厅内外各专家信息的线上信息化管控，提升管理部门对各专家信息的综合管理能力和效率；提供专家名单上报、系统自动匹配专家抽取、短信通知、专家确认等功能，保证专家抽取的及时性、有效性和公平性。

（六）预算管理系统

系统可实现省级文旅主管部门内部年度预算管理和下达、项目费用报销和借还款管理，以及预算和费用相关统计及报表输出、预算执行监察等。可将年度财政预算快速下达至各处室项目中，再由各处室相关项目人员负责各项目的预算启用操作；项目执行过程中，在线完成费用报销和借还款操作。系统提供对业务的审批支撑，可按业务需要调整审批流程和节点，完成各环节数据的统计和预算分配、执行度的统计等。

（七）报销管理系统

系统可实现文旅主管部门内部一般费用、差旅费用报销和报销相关统计展示、报表输出。可在项目执行过程中，在线完成费用报销申请和审批，支持单次多人费用报销，以及一对多报销付款分配操作；提供业务审批支撑，可按业务需要调整审批流程和节点。各环节数据的统计和预算分配、执行度的统计等。

（八）能人管理系统

系统可实现对全省文旅相关优秀人才的入库、评选和管理，统一管理和使用能人资源数据，提高办公效率及实现数据信息化管理。除 PC 端办公外，系统还提供移动办公支撑，移动端主要实现数据查看和审批工作，简化操作、提高效率。

（九）文化活动管理系统

系统可实现重大群众文化活动的在线申报、资料上传和信息对外发布等。由省级单位对申报单位及活动举办场所/场地进全面审查、评估，最终确认申办单位能否胜任和举办此次活动。审查和评估包含资料审查、实地考察、组织评审、会议认定、对外公布等五个环节，最终由审核通过的市（州）举办活动并上报活动开展数据。系统兼顾非重大群众文化活动的开展数据上报功能，提供各级部门文化活动的开展情况数据收集、管理和统计。

（十）重点项目管理系统

系统可实现对全省各重点文旅项目的线上数字化管控，提升管理部门对各地文旅项目的综合管理能力和效率；提供月报填写功能，各级提交项目每月的开展进度，以保证项目的有效、有序建设。总体而言，通过系统实现"监管常态化、数据真实化、填报快捷化"。

（十一）投诉和举报系统

系统旨在构建旅游全程投诉和举报服务监管体系，推进区域旅游行业投诉和举报服务，投诉和举报监管与执法向数字化、网络化、自动化、标准化迈进。通过系统对投诉和举报进行全流程管理，在及时有效地处理各类旅游投诉和举报事件与案件的同时，加强投诉和举报管控，提升各级文旅主管部门管理水平，提升文旅服务质量和公众体验。

（十二）统计系统

系统为省级文旅主管部门掌握全省旅行社、景区、星级酒店、非 A

级旅游吸引物单位、非星级住宿设施样本单位基本信息及经营情况提供支撑，提高各级监管力度、提升数据收集效率。提供各类统计分析报表，为行业政策和规划制定提供数据支撑。

（十三）资源普查系统

系统主要服务于省级文旅主管部门开展全省文旅资源普查工作。可满足文旅资源数据的采集入库、编目管理、分析运用，实现数据的统一汇聚、统一管理、统一展示。提供"省、市（州）、县（市、区）"三级在普查工作过程中对资源数据的线上普查填报、上报、审核、管理、统计、查询等各项功能，可对普查成果进行对外展示和可视化数据分析。

（十四）突发事件处置系统

系统为省级文旅主管部门提供对多个下级部门发起事务协作处理，督促事务办结并收集汇总反馈数据的业务子系统。实现事务完成率统计、反馈数据合并、短信回执查阅和短信催办等功能。

（十五）文旅融合示范项目管理系统

系统实现融合示范项目的线上数字化管控，提升管理部门对各地项目的综合管理能力和效率。同时，提供年度计划制订功能，按时提交项目每年的开展进度，保证项目有效、有序建设。实现文旅融合示范项目的监管常态化、数据真实化、填报快捷化，加强项目的监管力度。

（十六）晾晒台系统

系统具有面向省级、市（州）、县（市、区）文旅监管部门对业绩指标完成情况进行统计分析展示的数据系统。基于数据接入、定制考核指标、业务数据统计，对业务单位、业务开展进行量化考评评价。

（十七）景区精细化管理服务自评系统

系统可实现景区、市（州）、专家、省级四个层级的评价，并具有分值汇总、统计等功能，便于各级人员查询了解，提升景区管理服务质量。

三、面向文旅企事业单位的应用

构建面向文旅企事业单位的综合管理与营销服务体系（增效益）。为文旅企事业单位建立基于精细化管理和聚焦增量的精准化营销应用系统，着力打造文旅企事业单位的数字应用"工具箱"，低成本、高质量、全方位地推动文旅企事业单位的信息化整体应用水平，助力其实现数字化转型。主要分为两部分应用：一类是服务于企事业内部管理的应用系统，如景区综合管控平台，帮助景区提升经营管理效率，实现精细化管理；另一类是通过大数据分析与应用，构建用户画像，准确分析游客个性化需求，帮助文旅企业实现精准营销，为游客提供及时、精准、有针对性的信息服务。

"智游天府"主要包括以下典型应用。

（一）景区综合管控系统

系统以景区智慧管理为核心，通过集成物联网、云计算、大数据、人工智能等技术，结合景区业务，开通景区综合管理各项应用，实现景区"一张图"可视化管理与调度。景区管理员通过系统可完成人员定位、车辆调度、广播照明、摄像头等硬件设备的操控，以及处理游客投诉，查看景区实时客流、车流等。解决景区管理中常见的"设备不易管理维护""系统多管理复杂""景区运行状态缺乏数据支撑"等问题，帮助景区"加强管理能力、促进资源保护、提升服务质量、增加经济效益"。

（二）景区客流管控系统

系统以物联网及智能硬件设备为基础，辅以热成像技术，实现景区智能、精准、实时的客流动态监管。系统采用热成像技术、神经网络技术、人工智能技术，检测并实时统计经过景区出入口或通道的游客人数，实现多通道客流量监测。依托景区综合管控系统，可直观展示全景区以及各景点、重点区域的客流量数据及监控画面，亦可通过热力图、趋势图等方式，展现目标区域的拥挤情况，超越阈值时可进行自动报警提示。

（三）景区一图游系统

"一图伴我游，走遍天下也无忧"，景区游玩"一张图"（买门票、游景点、听解说、找车位、找出入口、找线路、找厕所、找美食、找购物店、找酒店、评论吐槽、景区活动、SOS求助等功能），可满足游客游前、游中、游后的一系列需求，为游客带来更多的便利贴心服务。以游客为中心，通过大数据做决策，为游客提供舒适的游览线路，实现提前导流、减轻拥堵。

（四）美景云直播系统

美景云直播系统采用5G、高清视频编码等技术，以视频直播、录播等方式将景区重要景点以线上视频方式提供给游客（公众）观赏。系统具有安全性高、集成便捷、一键直播、极速推流、高并发能力等特色优势，使景区在直播解决方案中突破时间和空间的限制，为景区与游客（公众）提供真实、清晰的直播服务与内容。

四、面向游客（公众）的应用

构建面向游客（公众）的一站式文旅公共服务体系，以多终端（移动终端和触摸屏）为载体，为游客（公众）提供权威性、个性化、场景化、定制化的文化和旅游服务。方便游客（公众）参与文化旅游活动、学习文化知识、体验文化韵味、获取旅游资讯、规划旅游行程、预订文旅产品、分享文化价值，让游客（公众）充分体验到"文化传承随处都在、旅游体验自由自在"。

"智游天府"主要包括以下典型应用。

（一）公共服务系统

文旅公共服务系统以"多级一体"为建设模式，以移动终端（手机）为主要载体，通过 APP、小程序、微信公众号，为公众提供三大类 16 项服务，形成面向游客（公众）的一站式数字化文旅服务体系。一是文化类服务：非物质文化遗产、文化活动、文博场馆在线预约，文博展览、文艺演出在线欣赏。二是旅游类服务：展示 A 级旅游景区、生态度假区、星级饭店、绿色饭店、文化主题饭店、精品民宿、特色小吃等相关信息，提供周边公共交通、停车场、厕所等信息。三是公共类服务：提供在线直播、金牌解说、城市宣传、优惠券在线领取、文旅品牌和精品线路在线推荐、游客（公众）在线评论和在线投诉、智能客服等服务。

（二）分时预约系统

分时预约是一套体系化的预约及监管系统。它是贯彻落实文化和旅游部"不预约不出行"的应用支撑系统，以"多级一体"为建设模式，既可满足景区预约预订需求，又可帮助各级文旅主管部门实现对景区的实时运行监测。系统为景区提供分时段预约库存管理、入园核销和实时运行监测等功能；为文旅主管部门提供客流监管可视化界面、承载量预警等功能；为游客（公众）提供预约聚合页，可查看时段剩余库存、一键预约。

（二）志愿者服务系统

系统以"多级一体"为建设模式，以文旅志愿者、志愿团队、服务协调机构为服务对象，从志愿者注册、审核、活动发起、活动报名、活动开展、活动风采展示、积分运用等多方面构建文旅志愿管理及服务体系。通过一个系统满足志愿者管理、服务、统计、分析、排名等各类需求，是规范文旅志愿服务及其管理工作的有力帮手。

（四）金牌解说

　　金牌解说是共讲、共享、共赢的数字文旅场景化平台，是内容众创、内容付费的"让万物有声"的平台。该平台围绕景点、文博、路标等进行内容众创，由文化名人、专家学者、五好讲解员等专家生产内容（PUGC）共享讲解，为游客提供个性化、多样化的讲解服务。金牌解说以服务游客为中心，以游客体验为落脚点，通过全景音视频数字文旅讲解，丰富"中华语言"，讲好"中华故事"。

第七章　"智游天府" 运营生态体系

　　本章深入剖析了"智游天府"的运营生态体系，全面展现了其作为满足四川省文旅服务与市场服务需求的总平台的构建过程；通过详尽阐述运营方式、分工、内容与要求，揭示了平台在运营层面的高效管理与创新实践；同时，深入剖析了平台在公共服务、宣传推广和营销交易等关键领域的运营服务内容，充分展示了其运营服务的多元化、创新性与实效性。

第一节

运营模式

"智游天府"是四川省文化和旅游厅主导建设的平台，通过整合四川省文旅资源，汇总四川省省级、市（州）级、县（市、区）级以及文旅企事业单位数据，通过"公共服务"与"市场运作"运营的有效结合，实现"文旅资源全面性、文旅资讯真实性、文旅产品可靠性"，构建并形成满足四川省文旅公共服务需求和市场服务需求的总平台。

 一、运营目标

"智游天府"是在文旅融合、数字文旅全面兴起的大背景下，结合四川省文旅信息化发展现状及各类需求，由四川省文化和旅游厅牵头建设、由川内国有企业牵头组建合资公司运营的文化和旅游公共服务平台。平台旨在以先进的信息化技术为手段，以"政府引导、企业主导、市场运作"的方式开展运营，推进四川省文化事业、文化产业、旅游产业融合发展，推动四川省文化和旅游公共服务升级及产业发展创新，激发文旅产业主体活力，助力四川省文化强省、旅游强省目标的实现。

二、运营分工

按照"政府引导、企业主导、市场运作"的方式，将政务运营与市场运营分开，管理工作政府做，运营工作企业做，各司其职、各做其事，政府做好"裁判员"，企业做好"运动员"。

一是综合管理板块保留在四川省文化和旅游厅机关。综合管理板块通过"智游天府"管理端呈现，是政府端管理应用的汇总，主要内容为办文、传阅、工作台、通知等。其中工作台又细分为日常办公、政策法规、规划指导、艺术、公共服务、科技教育、非物质文化遗产、产业发展、资源开发、文物保护和利用、市场管理、执法监督、宣传推广、国际交流与合作、行政审批、财务统计、人事、党的建设、服务保障、文旅云资源数据审批等 20 个子业务，是四川省文化和旅游厅履行行政职能职责的信息化抓手，有力推进了文化和旅游厅各处室工作数字化、高效化、智能化进程。省厅通过法定程序每年分配一定运维费用，委托技术单位进行运维，保证系统正常运行。

二是调拨部分板块进行市场运营。①文旅大数据中心：将平台的数据中心有关的数据权益许可给市场运营主体单位使用，以更好地发挥数据价值，如在授权使用过程中出现数据安全问题，四川省文化和旅游厅可依据合同约定追究相关单位的责任。②公共服务板块：公众客户端（C 端）的应用板块，通过市场化运营，满足公众对四川省文化活动及旅游出行服务需求。此板块的运营根据是否有资金交易又分为公共服务类运营和营销交易类运营。③宣传推广板块：主要依托公众客户端（C 端）开展工作，考虑其专业性，委托专业运营团队进行运营，为提升四川省文旅品牌整体影响力提供支撑，此类运营为宣传推广类运营。

三、运营内容

结合上述运营工作的分配办法，"智游天府"运营内容主要包含公共服务类、营销交易类和宣传推广类三部分，均体现在公众客户端（C端），主要包括安逸游、安逸住、安逸吃、安逸买、要用车、博物馆、文化馆、品非遗、图书馆、美术馆、看直播、看演出、大讲堂、志愿者、投诉求助、享服务、爱社团等模块。通过运营，公众可获取四川省文旅信息、进行行程规划、预约预订景区门票、查询景区实时客流，以及在线购买各类文旅产品等。平台运营创新了四川文旅服务模式，提升了文旅服务质量，满足了公众对文化活动及旅游出行的个性化、定制化需求。

 四、运营要求

"智游天府"运营关注三大核心要求。一是平台姓"公"：作为由政府主导的平台，运营时要有别于OTA等平台；要通过行政手段，把市场形象好、有口碑的企业及产品引入平台，保证平台具有公信力、具有权威性。二是平台便"民"：智慧化是手段、是渠道，为游客（公众）提供优质、便捷的服务是核心和目标；通过运营，全面整合文旅资源，为游客（公众）提供便捷服务，平台才有可持续性、有生命力。三是文旅相"融"：旅游消费具有天然的低频次，而文化消费具有高频次特点，通过科技手段和运营，将低频次的旅游与高频次的公共文化服务融合在一起，保证平台的活跃度、持续引入流量。

最终，紧紧围绕游客（公众）的需求，通过互联网便捷手段，将政府的最新文旅信息、活动和资讯以及文旅企业的产品等整合于平台，为游客（公众）提供基于全省文旅资讯、信息、商品的公共服务；不断提升"智游天府"知名度和公众使用频率，满足游客（公众）对四川文旅生活的美好需求。

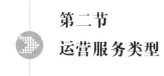

第二节
运营服务类型

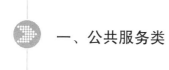

一、公共服务类

文旅公共服务板块运营主要包括内容运营、活动运营及其他运营等，其中内容运营又包括专题制作、内容策划、焦点话题等。该板块的运营，可让公众及时获取和了解四川省文旅信息。截至 2021 年 3 月 31 日，平台汇集"吃、住、行、游、购、娱、商、养、学、闲、情、奇"等文旅要素以及文博场馆、非物质文化遗产中心等场所基础数据 4147.72 万条，涉及文件约 159 万个，其中文档 197109 个，图片文件 813154 个，视频文件34195 个，音频文件 1963 个，其他内容 545397 个。

（一）内容运营

内容运营是"智游天府"运营的重要内容。其收集和上传四川省文旅基础数据和各类专题数据，在平台综合展示四川省文旅资源和资讯等，为平台市场化运营做好支撑。其中几个比较有特色的栏目如下：

专题栏目。一是内容策划，通过专题策划和设计，展示文旅业态的工作内容和成绩，为公众提供进一步了解文旅信息的渠道。2021年春节期间，在"智游天府"上策划的"云上天府过大年"专题，整合并上传四川省优秀大型舞台剧演出，文物、非物质文化遗产、美食等内容，优质景区宣传视频，优秀群众文化活动视频等300多部，并通过"两微一抖"等新媒体方式进行推广。二是页面制作，涉及专题页面策划、页面设计、页面编写与专题上线，并通过专题吸引公众，达到为平台拉新引流的目的，为后续市场运营流量转换做好支撑。三是内容更新，及时将政府的最新信息通过专题进行呈现，保证平台为公众呈现最新的文旅信息，积极引导公众了解和参与四川省文旅活动，展现全省文旅公共服务的丰富性和活力。

预告栏目。栏目主要针对四川省各类文旅重要活动、重要事件和重要专题等进行预告，便于公众通过公众端及时了解和获取四川省的文旅最新动态，并积极参与相关的活动或事项。目前，平台已通过这种方式先后策划制作了上百个文旅活动、专题等。同时，通过这种方式，便于后期市场运营通过广告实现四川省文旅资源和产品的宣传推广和流量变现。

安逸天府栏目。栏目针对四川省文旅品牌，根据公众喜好，设置相关子栏目，使具有不同服务需求的公众都能在平台上找到自己感兴趣的内容。栏目下设热门资讯、巴蜀文谈、茶馆天下、四川美食、文化创意、文旅新发现、特色萌宠等7个子栏目，已上传上千篇资讯和图片，有力提升了四川文旅品牌内涵。

精品路线栏目。四川文旅资源丰富，以旅游线路将文旅资源进行串联展示是非常经典且有效的方法。定期策划并推出各类精品旅游路线，满足不同游客在不同季节的需求。依托信息化技术，推出了智能行程，结合游客出行时间、地域和喜好要求，通过算法进行旅游行程的推荐。目前已推出上百条覆盖全省文旅各业态、各产品的精品线路,为游客出行提供了较好的参考。

焦点话题栏目。该栏目是平台引导公众参与各类话题讨论,从而让主管部门了解公众需求和意见的重要栏目。定期策划话题,引导公众积极参与,同时进行正向引导,并收集汇总各类意见反馈至相关部门,助力管理部门和文旅企事业单位进行有针对性的服务改进和提升。目前已策划上百个话题,参与人次上万。

(二)活动运营

文旅活动是平台运营最常见的内容,也是增加平台活跃度和引流的重要手段。主要工作:一是及时上传更新全省各类文旅活动内容,吸引公众关注并参与;二是跟踪审核掌握各类活动开展情况,保证活动的规范和有序;三是及时收集公众参与活动的相关数据,为管理部门提供决策参考。

活动分三类:一是省级及厅直属单位活动。策划制作线上活动,及时展示省级及直属单位的文旅特色,引导公众了解和参与文旅活动。二是各市(州)文旅活动。收集各市(州)、县(市、区)及文旅企事业单位在四川全省有影响力、有质量的重大活动,并在平台进行展示,保证公众及时了解、方便公众参与。三是直播活动。对重大文旅活动进行直播展示。平台已策划了上千场大大小小的各类文旅活动,极大地丰富了公众的文旅生活。

(三)其他运营

一是公共信息服务:及时对接天气、公交等公共服务数据,及时更新旅游厕所、旅行社、加油站、停车场等内容。二是智能机器人:利用人工智能技术,上线智能机器人,丰富问答库的内容词条数量,对内容质量进行定期检查、更新优化,通过对用户语音和文字关键词的理解进行快速回复,为公众提供便捷服务,减少人工成本。三是互动交流及投诉:对于平台用户的留言、评价,客服人员根据《用户服务标准》的规范指导及时回复;对于平台投诉板块内容,建立联动机制,客服人员进行回复安抚,并及时转交相关主管部门处理。

 二、宣传推广类

　　宣传推广是"智游天府"公共服务的重要手段，通过宣传推广运营，让更多的人了解平台、使用平台。

　　线上推广：通过电视台、广播电台、政府网站、官方微信微博平台等官方宣传渠道进行推广，在知乎、百科、抖音、微信等自媒体平台进行宣传推广，联动本地其他大号进行平台活动联动推广。其中，尤为重要的是依托微信公众号定期推出相关活动及推文。

　　线下推广：在机场、高速、公交站等交通枢纽进行线下广告投放，在景区、文化场馆、电影院、酒店大厅等流量聚集地布设物料推广，通过运营商入境短信方式推广，在本地及客源地商圈做大型宣传活动推广，在社区进行活动推广、电梯广告推广等。

 三、营销交易类

　　"智游天府"市场化运营由四川省旅游投资集团牵头，引入阿里巴巴集团公司等组成运营团队，采取"投融建运一体化"运作方式。平台以资本运营为基础，打造了以资源整合、产品创新、智慧服务、宣传营销为主体的运营体系。

（一）资源整合

通过运营实现四川全省文旅资源线下到线上的连接和转化。一是整合产业链要素，主要包括吃、住、行、游、购、娱、商、学、养、闲、情、奇等文旅产业形态。二是整合流量资源。"智游天府"作为多边平台，导入了行业内优势企业 B 端和 C 端的流量，确保平台有足够的活跃度。三是整合技术资源。充分利用技术资源，与行业服务相结合，形成通用的功能服务组件，为产业链提供技术赋能，构建 S2B2C 模式的文旅产业互联网。

（二）产品创新

对文旅产业业态、产品技术、市场主体进行融合创新，开发具有特色、个性化、定制化需求的文旅产品。一是为旅游景区和度假区引入丰富的文化元素，推动旅游景区与文化相结合，与传统技艺等非物质文化遗产相结合，以文化促进和宣传旅游，促进旅游景区和度假区良性发展。二是做好文旅资源普查、梳理、挖掘和保护。围绕旅游景区，开发一批具有传播力的文创产品，以创意产业为依托，将更多资源转化为受文旅消费者喜爱的产品。三是建立一批主题鲜明、文化要素完善的特色目的地，在四川全省推出更多的研学、文化遗产等专题文旅项目，满足不同层次游客的文旅服务需求。

开发出集文化创意、度假休闲、康体养生等于一体的文旅综合产品。一是通过工业旅游深度展示行业文化、核心产品、旅游衍生品等，开发出工业博物馆模式、工业文化博览园、景观公园模式、创意产业园模式等产品。二是通过农业旅游展示农耕文化、农产品生产过程等，提供观光游览、科普教育、产品展览、餐饮美食、休闲体验、商品购买、度假住宿等综合性服务。三是利用文旅产业周边资源，构建"文旅＋"大健康、体育、研学、交通等相适应的创新产品体系："文旅＋"大健康模式，不断丰富大健康产品体系，提供面向亚健康人群、病患人群、妇孕婴幼、中老年人群的医疗旅游产品，如森林康养、温泉康养等。"文旅＋"体育模式，依托山地、峡谷、水体等地形地貌及资源，发展定向运动、养生运动、极限运动等户外产品，推动体育、旅游、度假、健身、赛事等业态的深度融合发展。"文旅＋"研学模式，依托博物馆、科技馆、地质公园、森林公园、非物质文化遗产、博览园、红色遗址等资源，以文化、科普、教育为主线，与青少年研学旅游相结合，打造青少年科普教育旅游基地，开展体验式教育、休闲度假、科普知识讲解、VR展示，让学生在旅游中拓宽视野、丰富知识，加深与自然和文化的亲近感。"文旅＋"交通模式，解决游客（公众）"最后一公里"问题（即游客与高铁站、汽车站至目的地之间的交通不畅问题）：与当地公交公司合作，提供旅游定制公交等；与租车集团合作，提供自驾游租车服务等。"文旅＋"其他模式，以"文旅＋"培训、经典文化讲座等方式，推进四川省亮点IP及"智游天府"本身的宣传等。

（三）智慧服务

形成面向B端的商品服务。平台可为四川全省文旅商户提供产品发布、产品管理、交易管理、资金管理、大数据精准营销等服务，助力四川全省文旅企事业单位实现服务的便捷化和智能化。

形成面向C端的便捷服务。平台可为公众提供一体化、泛在化的文旅信息服务，包括发布文旅资讯、景区直播、虚拟体验、地图引导、旅游线路及自驾游线路推荐、智能导游导览导购、智能房车泊位、区域精选、优惠活动、文化活动和场馆预订、数字化文创产品、电子商务（在线购票、酒店餐饮预订、土特产品在线购买）、视频游记定制、旅游咨询与投诉、智能客服等一系列应用服务。充分满足国际游客需求，在重要区域增加多语言导览和查询功能，提供便利的国际支付结算方式。服务体系的分级运营和管理，不仅限于景区、酒店、餐饮场所，而是以县为运营主体的县域的全域范围。

形成四川全省文旅产业大数据分析服务。与银联商务公司合作，提供"智游天府"的支付结算服务，按照国家对交易支付结算的法律法规等管理要求，保障公共服务平台交易支付结算有序开展，保障个人和企业的信息安全和资金安全。系统实现多种支付受理功能，支付结算平台将保障交易稳定及资金安全，银联商务作为本平台合作收单机构，依法获得中国人民银行认可的收单资格，具有行业领先的业务能力、技术实力和安全保障能力，并拥有覆盖到县（市、区）级的业务网络和服务能力，最终形成四川全省文旅消费大数据，为政策决策提供数据支撑。

（四）宣传营销

树立宣传管销统一的品牌形象。基于四川省文旅宣传的指导思想，结合市场需求，通过运营努力实现各类文旅产品的品牌和设计统一性，挖掘四川省文旅产品独特的价值，并将这个核心价值贯穿整个品牌建设与营销过程中，以此更好地推进品牌的建设。并在这个统一的基础上，寻求品牌的个性化。

打造全渠道营销系统。除"智游天府"自有商城直销用户外，积极与各大主流平台深度合作，建立各种销售渠道。最大化地与实体供应商、分销渠道同步对接，借助各渠道的优势和能力，推广和营销文旅资源。一方面，企业通过平台分销系统实现对各渠道统一的管理，避免传统后台管理的烦琐操作；另一方面，通过标准 API 接口和其他电商平台对接，具有在相应渠道进行在线预订的能力，并将订单及相关信息同步到平台。

不断提升平台品牌价值。借助自媒体营销系统，充分利用自媒体圈层的营销影响力，提升口碑，提高销量。以文化内容原创为核心，融合传统与新媒体手段，打造成为跨领域的联盟文化传媒平台，依靠"有趣、有用、有利"的三有模式，打造"线上＋线下"的品牌塑造与营销新势力。赋予智游天府平台品牌包装、宣传、推广、造势、事件营销、自媒体营销等多种功能。

构建形成营销数据分析系统。累积并分析四川省文旅消费者和文旅产品的数据，发掘文旅消费热点和消费者兴趣点，推动文旅行业产品的营销创新。最终打造四川省文旅产业规划、文化导入、文旅融合、品牌提升、产品提炼、市场可行性研究及渠道融合等全产业的服务能力，推动文旅产业的数字化转型、供给侧改革和高质量发展。

（五）资本运营

建立完全市场化的资本运作投资体系，为"智游天府"文旅企事业单位提供资金保障、金融服务及上市支撑。

提供供应链金融服务。构建数字文旅企业供应链金融服务平台，以"智游天府"大数据为依托，通过实时掌握和分析平台企业用户流量、销售收入、客户反馈等数据信息，构建大数据风控体系及征信系统，为四川省数字文旅企业供应链上下游中小微企业及个人提供高效便捷的供应链金融融资渠道。

提供消费金融服务。依托线上 C 端渠道，为消费者提供与旅游相关的融资、保障、理财服务，包括旅游分期、旅游理财以及旅游保险，将旅游消费金融嵌入在线旅游服务的各个交易环节，使之成为旅游延伸服务中的重要一环。开展面向消费者的各类金融业务，在线上平台提供行前预订和行中消费的预付、支付功能，解决消费者在出境游中面临的资金紧缺问题。对信用良好的消费者推出小额贷款或延后支付的产品，给消费者更多支付时间点和支付方式的选择，提升消费者的旅游产品消费能力。

文旅资产证券化。对平台优质产业链实体资产如入园凭证、索道乘坐凭证等打包作为质押品，通过券商发行金融产品从而在资本市场上获得成本相对较低的融资。做好存量资产证券化、增量资产平台化的工作，从省级旅游集团的存量资产中寻找优质资产，以证券化的手段盘活。此外，将增量资产平台化，从根本上解决资金和资本的问题，最终通过对优质文旅企业的成功孵化，培育多家实现盈利的本土上市公司。

第八章 "智游天府" 保障体系

本章系统梳理了"智游天府"的保障性标准和措施，总结了为平台的建设与运营提供规范指导的数字文旅系列标准；同时，从政策、资金、人才和安全四个维度详细阐述了确保平台稳定、高效运行的保障性措施。

第一节
保障性标准

　　数字文旅标准化建设是文化和旅游行业的一项十分重要的基础性工作和系统工程，文化和旅游管理部门、文化和旅游企事业单位在文化和旅游信息化建设过程中，应加强国家标准、行业标准、地方标准、团体标准和企业标准的建设、宣传、贯彻和实施力度，建立符合文化和旅游业态特点的信息化、数字化标准体系，提升行业管理和服务水平，增强行业竞争力。鼓励和引导各类社会主体积极参与数字文旅标准化工作，发挥行业协会、学会等团体机构力量，完善标准，激发企业制定企业标准的积极性，加强各层级标准之间的协调发展。深化推进四川省数字文旅标准化试点示范工作，加大标准化体系建设和标准宣贯实施力度，提高全行业的标准意识和认知水平。编制高水平的文化和旅游行业领域的信息化标准，引导文化和旅游管理部门、文化和旅游企事业单位向"文化＋旅游＋科技"领域的标准化、品牌化方向发展，创新标准实施方法和评价机制，强化标准实施效果的监督与评估，提升标准实施效果，主动获取政府、行业协会、学会在标准实施及评价中的指导与支持。

　　《四川省"十四五"文化和旅游科技创新规划》指出要建立完善的文化和旅游标准体系。目前，四川省文化和旅游厅已建立标准化工作机构，成立了四川省文化和旅游标准化技术委员会，并已建立完善的全省文化和旅游信息化标准体系。各级文化和旅游管理部门积极鼓励和支持全省文化和旅游科技企业、高校科研院所、社会团体参与制定智慧旅游、数字博物馆、数字图书馆、数字文化馆、数字非物质文化遗产、数字化公共服务、数字技术装备、数字文旅技术规范、数字化新产品新业态等领域的国际标准、国家标准、行业标准、地方标准和团体标准。建立层次分明、权威高效的标准体系，扩大标准化的社会影响力。

为进一步加强四川省文化和旅游的信息化、智慧化建设，推进文化和旅游数字化、网络化、智能化发展，推动云计算、大数据、物联网、5G、人工智能、区块链、虚拟现实等信息技术在文化和旅游领域的创新应用与示范，深化信息技术在行业领域的研究和应用创新，促进四川省文化和旅游生态系统的资源共用、平台共建、信息互通、数据共享，四川省文化和旅游厅于 2019 年 10 月启动了"智游天府"平台项目的建设。基于四川省文旅信息化建设和"智游天府"项目工作需要，四川省文化和旅游厅组织相关科技企业、行业协会学会、高校和科研单位等开展了《文化和旅游资源编目编码规范》《文化和旅游数据交换规范》《文化和旅游数据填报规范》《文化和旅游数据库设计与运维管理规范》《文化和旅游数据元目录规范》5 项基础类标准，《文化和旅游信息化建设规范总则》《县域智慧旅游城市建设指南》《智慧旅游景区建设规范》《数字博物馆建设规范》《文化和旅游公共服务平台建设导则》5 项建设类标准，《智慧旅游饭店建设规范》1 项专项类标准的编制工作。标准的主要内容详见表 8－1。

表 8－1 "智游天府"项目中的数字文旅系列标准

标准类型	标准名称	主要内容
基础类	文化和旅游资源编目编码规范	标准规定了文化和旅游行业各类资源编目编码的原则和方法，用于指导和规范文化和旅游资源的登记、引用和检索等工作
	文化和旅游数据交换规范	标准规定了文化和旅游数据交换平台的数据交换要求、数据汇聚方式、数据推送方式、数据汇聚与推送的内容、数据的内容安全和传输安全等内容，用于指导和规范四川省内省—市（州）—县（市、区）各级文化和旅游管理部门纵向数据交换与涉文涉旅相关政府部门、企事业单位等的横向数据交换

标准类型	标准名称	主要内容
基础类	文化和旅游数据填报规范	标准规定了四川省文化和旅游相关数据的填报对象及范围要求、填报方式与流程要求、数据填报原则与格式要求、数据安全要求等内容，用于指导和规范四川省文化和旅游相关数据的填报和管理
	文化和旅游数据库设计与运维管理规范	标准规定了在文化和旅游数据库的设计和建设过程中，以安全有效的方式进行数据的处理和维护，用于指导和规范四川省文化和旅游各业务平台的数据处理、存储及应用等工作
	文化和旅游数据元目录规范	标准规定了文化和旅游数据元目录，是《文化和旅游资源编目编码规范》的配套标准。标准对数据元的表示规范、数据元内部标识符、数据类型的描述、数据格式的类型、数据元目录等进行了描述
建设类	文化和旅游信息化建设规范总则	标准规定了四川省文化和旅游信息化建设的参与主体、系统参考架构和总体要求，用于指导参与四川省文化和旅游信息化建设的单位开展规划、设计、建设、运维和运营等活动
	县域智慧旅游城市建设指南	标准规定了县域智慧旅游城市建设的基础设施、旅游场所与服务设施、公众服务、宣传营销、旅游监管及安全预警的要求和评价，用于指导和规范县（区）级智慧旅游城市建设。重点建设内容包括：整合县域智慧旅游城市各类数据，建设区域文化和旅游大数据中心；建立旅游城市数字文旅综合管理系统；构建数字文旅诚信体系；以移动终端为载体，围绕"吃住行游购娱文"等，为公众建设游前、游中、游后一站式服务的智慧化公共服务体系
	智慧旅游景区建设规范	标准规定了智慧旅游景区建设的基础支撑、景区管理、景区服务、景区营销、景区资源保护、景区安全、运行保障、创新应用和智慧旅游景区评定等内容，用于指导和规范四川省行政区域内 A 级景区的信息化建设与评价。标准依据文化和旅游部发布的《智慧旅游景区建设指南》，指导景区依托云计算、大数据、物联网、5G、人工智能、区块链等新技术，实现在线预约预定、实时监测预警、多渠道信息发布、应急指挥调度、智能导游导览导购导航、生态环境保护和信息安全保障等能力

续表

标准类型	标准名称	主要内容
建设类	数字博物馆建设规范	标准规定了智慧博物馆建设的体系架构以及智慧保护、智慧管理、智慧服务等相关要求，用于指导和规范四川省行政区域内博物馆的智慧化建设
	文化和旅游公共服务平台建设导则	标准规定了四川省文化和旅游公共服务平台建设的总体框架、建设内容、管理体系和评价体系，用于指导和规范四川省各级文化和旅游公共服务平台的建设
专项类	智慧旅游饭店建设规范	标准规定了四川省智慧旅游饭店建设的基础设施、应用系统、大数据中心、智慧化系统平台、运维保障和创新应用等内容，用于指导和规范四川省旅游饭店的智慧化建设和评价

第二节
保障性措施

一、政策保障

围绕"智游天府"建设，出台了《四川省文化旅游公共服务平台建设指南》，按照区域的标准和架构进行统一建设和有机联动，保证四川全省"一张网"，且后续可以对接到四川全省的数字化建设体系中，支撑省委、省政府打造"国家数字经济创新发展试验区"的相关建设，形成"横向到边、纵向到底、上下联动、齐抓共管"的数字文旅建设新格局。以省政府办公厅名义发布了《加快"智游天府"全省文化和旅游公共服务平台建设实施方案》，分三年对平台的建设目标、建设内容、绩效标准、责任分工、保障要求等方面进行了整体规划，推动四川省数字文旅建设。与省经济和信息化厅联合发布《关于推动文化旅游新型基础设施建设（"新基建"）推动实施方案》，将平台建设纳入四川省"新基建"工作中统筹考虑，确保平台建设符合国家要求，符合现代技术发展要求。

 ## 二、资金保障

"智游天府"作为四川省文化和旅游厅文旅融合龙头项目，其项目资金来源主要为财政预算资金：第一期由四川省文化和旅游厅投入约 1000 万元，用于前期规划设计、建设等；第二期和第三期建设将根据项目建设实际需要由四川省文化和旅游厅申请专项资金进行建设和运营，确保平台建设和运营相关工作的顺利推进。

 ## 三、人才保障

"智游天府"建设过程中，建立了与公共服务平台相关的技术保障、体系与运营体系相配套的人才培养机制，提高了平台运行维护团队的专业技术、管理和服务能力。项目领导小组依托行业协会、大专院校、科研院所和专业培训机构等，不定期地组织开展现场集中培训和网络远程培训，并鼓励各地自行采取内训、外训、交流挂职等多种形式开展常态化的培训活动。特别是在"智游天府"测试版上线后，通过远程会议的方式组织了四川省各市（州）工作任务部署及操作培训，分群体建立四川全省、厅机关各处室、21 个市（州）工作群 23 个，涉及人员达 2000 多人，构建了多级联动、信息沟通和专题培训等机制，形成了四川省文旅行业从业人员共同参与的人才保障体系，较好地保证了平台建设与运营各项工作的有序推进。

 四、安全保障

根据《中华人民共和国网络安全法》和《信息安全技术　网络安全等级保护定级指南》（GB/T 22240—2020）要求，"智游天府"通过了省公安厅的网络安全等级保护三级定级及备案。根据《信息安全技术　网络安全等级保护测评要求》（GB/T 28448—2019）要求，经第三方专业评测机构评测，项目系统达到网络安全等级保护三级要求。平台上线后，组织专门技术人员定期对平台进行网络安全检查，发现问题及时纠正。

第九章　　"智游天府" 成效与创新

本章全面总结了"智游天府"的建设与运营成效，充分展现了其在推动四川省数字文旅发展中的重要作用。通过详细阐述"智游天府"在数据共建共享、行业数字化转型、生态体系构建和典型案例推广等方面的主要成效，凸显了其在促进数字文旅发展中的积极作用。同时，深入剖析了"智游天府"在中台驱动、多级一体和开放共享等方面的创新亮点，为数字文旅的未来发展提供宝贵经验和启示。

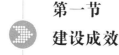

第一节
建设成效

一、建设创新

　　"智游天府"是按照"云＋中台＋应用"设计理念，构建的为公众提供"一站式"服务，纵贯省、市（州）、县（市、区）文旅管理部门及文旅相关产业群体的开放性平台。平台采用"大中台、小前台"的技术架构模式，中台连接底层基础硬件及数据资源，为前台应用提供数据开放共享能力、技术支撑能力和业务开发能力。"智游天府"运用面向服务的架构（SOA）设计策略，形成以提供服务为导向的组装式、插件式体系结构，实现各模块在统一管理机制下独立并行运行，满足管理者对平台的各种应用功能进行差异化管理运营的需求。

　　"智游天府"构建了四川省数字文旅生态体系，打造了以"数字文旅生态系统"为底座的开放性技术体系，满足政府、企业、游客（公众）的共性需求。通过"横向到边、纵向到底、上下联动、齐抓共管"的数字文旅建设新格局，形成了全省"一张网"。打造了一批数字文旅示范单位和示范业态（智慧旅游城市、智慧景区、智慧博物馆、智慧文旅小镇、智慧酒店、智慧自驾车房车营地、数字非物质文化遗产、数字演艺等），推动建立了四川省数字文旅生态圈。

"智游天府"推动了四川省文旅数据互联共享。平台纵向连接四川省文旅系统和企事业单位基础及运行数据,形成省—市(州)—县(市、区)—企业有机联动。横向整合文旅、公安、交通、气象等涉文旅数据,实现业务数据共建共享、分建共享。依托大数据中心,利用技术手段推动四川省文旅数据归集共享,形成四川省文旅数据生态。通过数据生态反哺应用到文旅行业政府端、企业端和公众端的关键场景,最终实现四川省文旅行业的精细化管理、精准化宣传、精确化服务。

"智游天府"实现了四川省文旅行业智慧监管。通过整合预约预订、视频监控、门禁闸机、天气环保、交通住宿、运营商信令、舆情消费等数据,实时监测景区接待游客数量,为重点景区实施限流控量提供有力支撑,确保重大节假日四川省文旅行业运行安全。及时发布风险预警信息,指导建立工作方案和应急预案。对预约已达限量的景区,通过多渠道及时发布信息提示,有效地实现了游客分流。通过智慧旅游网络舆情监测系统,加强舆情监控和投诉受理处置,为妥善处理游客诉求、避免发生负面事件发挥重要作用。

 二、建设成果

"智游天府"建设主要内容为"一中心、三板块":"一个大数据中心",为平台提供数据支撑和决策分析。"综合管理"板块,包括行政管理、市场监管和行政执法的在线实施等;"公众服务"板块,包括文博场馆、文化活动、旅游景区等门票预订,共计三大类20项在线服务;"宣传推广"板块,集成政务网、资讯网、微信公众号、微博、小程序等多种新媒体资源进行对外宣传。

"智游天府"按照"管用、实用、好用"要求，基于"整体规划、分步实施、有序推进"原则，主要从"在用信息化系统、日常工作如何开展、工作中遇到的问题及诉求、工作中流程如何流转、工作中哪些可转变为公共服务"五个方面着手开展调研。由信息中心组织对各单位所有在用系统进行逐一梳理，梳理出在用的 13 个系统，并将这 13 个系统整合在"智游天府"里，保证了现有业务的延续性，也为平台服务于业务打下基础。随后由科技教育处牵头、信息中心配合，围绕全厅 19 个处室进行业务工作流程、业务数据内容等调研，共收集项目建设功能需求 85 个；通过分类归总，共明确 74 个需求点，按照"突出服务、急用先建、效果优先"的原则，对标建设内容进行需求汇总、归纳、分类，一期需完成 30个功能需求，剩余需求纳入二、三期建设计划。"智游天府"已于 2021 年10 月完成了一期建设验收，二期建设已经启动。2019 年至 2021 年三年建设主要成果如下：

文旅大数据中心。通过整合省、市（州）、县（市、区）、文旅企事业单位文旅资源，已完成全省 814 家 A 级旅游景区与平台的数据接入，其中 5A 级 16 家、4A 级 321 家、3A 级 385 家、2A 级 92 家；接入博物馆263 家、图书馆 206 家、文化馆 206 家。已汇集四川省各类文旅数据4617.5 万条，文旅服务企事业单位 23897 家，公共厕所、停车场等公共服务类场所超 1.56 万个；汇聚文化六大类资源数据 310.2 万条，旅游八大类资源数据 26.85 万条；累计发布文旅服务信息超 9.3 万条。接入公安、交通、气象等相关涉旅部门数据，与交通厅、省市场监管局、省信用中心、部分市州等进行数据共享交换约 67.3 万条。输出 7 期数据分析报告，为数字文旅产业发展提供数据决策支撑。

综合管理板块。已实现日常办公协同、基础资源管理、行业运行监测、数据汇总分析等方面的智慧管理。完成了日常办公协同等七大类服务38 个业务系统整合。通过预约预订系统集成四川省 144 家 4A 级及以上正常营业的封闭式景区门票网络预约渠道，接入 43 家重点图书馆、33 家重点博物馆预约预订渠道。通过视频监控系统集成了全省 303 家正常营业的 4A 级及以上旅游景区共计 2000 多路视频监控。通过假日运行监测系统，实现四川省文旅系统假日填报统计分析、A 级景区运行监测及预警等可视化展示和联动处理。通过投诉和举报系统，形成了省、市（州）、县（市、区）、企四级联动的投诉和举报机制，实现了游客"一键投诉"，并随时跟踪投诉举报处理进度和情况。通过志愿者系统，注册汇总全省志愿者人数共 95187 人，志愿者队伍 2287 个。通过考核、通报、排名，有力促进了各级行业监管意识和管理能力提升。

公众服务板块。通过 APP、小程序、微信公众号等方式，为公众提供预约预订、景区、场馆、住宿、餐饮、文博展览、文艺演出、在线直播、特色产品、精品线路、评论分享、投诉举报、志愿服务、研学旅行等旅游、文化、公共三大类 20 项主要服务。平台用户数已近 100 万人，为超过 3200 万人次提供了文旅公共服务。通过对文博场馆公共服务活动的考评，提升了效率、量化了工作、检验了成效。

宣传推广板块。建成并优化完善集信息发布、资源共享、营销推介、媒体对接、资讯热榜、互动交流等功能为一体的"文旅宣传总展馆"，实现活动信息"一站式"发布、推介，新闻媒体"一体化"转载、传播，广大游客"一键式"获取、分享。整合并构建了省级文旅新媒体矩阵，推进市（州）新媒体号整合，形成省市联动的融媒体宣传矩阵和具有公信力、权威性的新媒体推广联盟，全面提升了四川省文旅品牌知名度、美誉度、吸引力，拓展了工作成效，降低了成本投入。

第二节
运营成效

一、运营成果

"建设重要，运营更重要"，"智游天府"为了更好地发挥平台效益，促进文旅产业生态整体上实现降本增效，赋能文旅产业数字经济发展，除了加强新型基础设施建设以外，还需要把"运营"作为产业发展落地实践的重要工作抓起来。通过"运营"，让平台"用起来"，让数据"跑起来"，让产业"活起来"，让产业建设的各个主体通过平台实现价值循环、信息流动、资源共享。"智游天府"通过整合四川省文旅资源，进一步完善了公共服务板块，基于移动终端为游客（公众）提供了多元化的信息服务。

2021 年春节，通过汇聚 300 多个四川省文化和旅游优秀文艺作品，组织开展了"云上天府过大年"云展播活动，并依托"智游天府"APP、微信公众号、小程序及四大运营商网络电视等渠道，让广大人民群众春节期间通过手机、电脑和电视等，足不出户即可享受四川省优质文化和旅游服务，受到了广大人民群众的高度认可。此次活动点击观看量近 4 亿人次，获得了四川省委宣传部的充分肯定，并获四川省文化和旅游厅 2021 年工作成效奖。

2021 年 6 月，依托"智游天府"举办了《四川艺术新苑》专题活动，通过"文艺预告""要闻聚焦""名家艺谈""在线剧场""在线展览"等内容，每月将四川省最新的文艺内容通过线上方式呈现出来，搭建了一个可学习、可赏析、可交流、可互动的线上文艺服务平台。截至 2021 年 12 月，已连续推出了 7 期，专题点击和观看达 20 余万人次。

2021 年 10 月，依托"智游天府"开展"第十八届戏剧小品（小戏）比赛"，通过平台的在线直播和网络投票专题，为比赛期间喜爱戏剧小品的观众提供了线上观看与投票渠道，活动直播观看及浏览量超过 40 万次，投票互动超过 13 万次。

"智游天府"是四川文旅产业的生态运营平台，通过一期、二期项目的运营实践，在组织生态、应用生态和运营生态领域产生了一批优秀的、效果显著的运营案例。在此，将具有组织生态特征的"文化旅游志愿者服务系统"、具有"应用生态"特征的"在线解说系统"、具有"运营生态"特征的"旅游产品供销/分销系统"分别介绍如下：

（一）文化旅游志愿者服务系统

文化旅游志愿者服务系统是以四川省文化和旅游厅所属志愿者的服务和管理为导向，基于文化和旅游云、移动互联网、互联网，以数据库为内核，以官方微信、官方网站为窗口，涉及志愿者招募、志愿者管理、志愿者服务宣传等全过程的志愿者沟通、服务、管理的工作平台。文化旅游志愿者服务系统具有典型的多层结构协同、多元主体参与组织生态特征。

为了更有针对性、精细化地服务于志愿者活动，文化旅游志愿者服务系统开发了面向管理协调机构、企事业单位的"管理端"子系统，以及面向公众的"公众端"子系统。可以对四川省文化和旅游厅管理的志愿者资源进行合理使用、统筹管理，实现志愿者与四川省文化和旅游厅之间的多渠道沟通互动，在线上统一管理调度信息发布、签到、排班、四川省文化和旅游厅评价等全流程，可通过平台对志愿者从任务申请至任务完成的全过程进行可视化管理。

文化旅游志愿者服务系统的建立，极大地改变了四川省文化旅游志愿者服务的工作方式，在志愿服务的工作方法、工作流程上产生了一系列新的变化，形成了一套全新的、完整的以志愿者服务为核心的线上工作机制。文化旅游志愿者服务系统上线以来，志愿者招募、管理、服务和活动开展的综合工作效率提升了30％以上，截至2022年10月，已有注册文旅志愿者服务团队2887个，注册文旅志愿者121386人，志愿者服务招募活动2189个，招募志愿者14638人，储备招募志愿者365人，全省开展志愿者活动4793次。

（二）在线解说系统（"金牌解说"系统）

在"智游天府"中在线解说系统被称为"金牌解说"系统，是"智游天府"中的在线解说子品牌。它是依扎大数据、人工智能等新一代技术搭建的集文博场馆、文化街区、景区和地方名人、史学专家、知名作家、专业讲解员及游客于一体的数字化讲解服务子系统，提供多人、多语言、多形式的音视频讲解内容。游客通过线下二维码，使用移动端即可快速获取VR真人视频讲解服务及语音讲解服务，使游客更加轻松地了解当地的历史文化。

"金牌解说"系统正式上线以后，截至2022年底，已推广应用于全国24个省份、95个城市，入驻景区842个（5A景区、一级博物馆、国家重点文物保护单位、爱国教育基地等），铺设线下景点二维码3万个，吸引包括地方名人、史学专家、知名作家、专业讲解员在内的优质内容创作者3631名，上线68130万条高质量的解说音视频内容（含VR），累计服务全国游客860万人次。

"金牌解说"系统是典型的文化和旅游融合的创新产品，为游客提供了优质的线上讲解服务，先后入选了国家文化和旅游部"文化和旅游信息化发展典型案例"、国家工业和信息化部"新型信息消费示范项目"、四川省通信管理局"四川省5G应用100例经典案例"。

（三）旅游产品供销/分销系统（"集客宝"电商系统）

在"智游天府"中旅游产品供销/分销系统被称为"集客宝"电商系统，是"智游天府"中的电商系统子品牌。它是基于SaaS模式构建的旅游产品电子商务交易系统，为旅游产品供应商和分销商提供产品管理、销售渠道管理、资金结算与清分、订单核销和精准营销服务。

"集客宝"电商系统具有产品整合的功能，可整合自有资源或上游资源，实现多平台资源的统一汇聚，并可融合旅游出行的各要素资源，形成各类旅游相关的产品品类。它具有在线分销功能，可为企业建立自己的旅游分销渠道，并支持在线支付和虚拟账户结算方式，解决企业渠道管理与资金结算的问题。它具有OTA连接功能，可帮助企业快速对接OTA、团购网站、微信等营销渠道，实现统一管理，提升管理效率，为企业打造基于旅游商品交易的B2B服务模式。它具有智能管理功能，可帮助企业通过PC、手机等多个端口实现基础业务的便捷管理，可连接多类智能设备实现智能售票、智能收银和智能通关，提升游客消费体验。

"集客宝"电商系统正式上线以后，截至2022年底，系统新增入驻供应商1231家（四川省内531家），其中旅游服务商735家、景区147家、酒店22家、其他327家；渠道分销商16861家（四川省内8999家）、对接OTA及渠道商100家以上、上架商品2.29万个，产生交易726万笔，交易金额6.27亿元。

二、运营效益

（一）社会效益

一是提供人民群众所需的文旅公共服务。通过平台运营有效整合四川省公共文旅资源，提升四川全省公共图书馆、文化馆（站）、博物馆和旅游公共服务效能；以"智游天府"为载体，推动四川文旅公共服务落地。以运营相关文旅活动为抓手，充分调动基层文旅建设积极性。借助运营工作的全面深化，助推公共文化服务体系示范区（项目）和示范县建设，有效带动乡村地区的文旅生活方式转变，推动文旅公共服务规范有序发展，人民群众的文旅获得感、幸福感显著增强。

二是提升四川文旅品牌 IP 形象影响力。通过平台运营，整合四川省文旅相关资源，推进以三星堆、九寨沟、大熊猫等为代表的四川文旅品牌 IP 打造和集中推广宣传，打响"安逸四川"的旅游品牌，通过平台有效整合省内文艺精品力作、文化名流名家，发挥品牌集聚优势，助推四川省相关文旅品牌活动的开展，促使四川省文化活动品牌不断丰富，对外文化形象不断提升。

三是加大四川省文旅服务的供给力度。通过平台运营，有效整合四川省文旅产品、服务资源，以"省级中心运营团队＋地方各级运营组织"为依托，构建四川全省"一张网"的现代文旅服务体系，显著提升旅游高质量产品的丰富程度。切实有效推动"市（州）有'五馆一院'［文化馆、图书馆、博物馆、非物质文化遗产馆（中心）、美术馆、剧院（场）］，县有'四馆'［文化馆、图书馆、博物馆、非物质文化遗产馆（展示场所）］，乡镇（街道）有综合性文化服务中心"的建设运营和效能发挥。促进国家级和省级旅游度假区、生态旅游示范区、A 级旅游景区建设数量的提升和产品服务运营的有效落地。

四是提高文旅市场监管能力。通过"智游天府"运营，可获得极为丰富的运营数据；依托政企联动的运营机制，可有效助推文旅市场综合执法改革和区域执法协作的落地实施。结合电子导游证和导游 APP 等相关信息化管理手段，实现对相关旅游市场行为、从业规范的全过程、动态化的监管，有效提升旅游电子政务管理应用水平。利用平台相关管理工具，提升文旅行业安全应急处置水平，提高应对和处置突发事件综合管理能力，有效保障游客生命财产安全。

（二）经济效益

按照平台运营的整体目标，分阶段实施运营经营计划，实现"平台带动产业、产业带动企业、企业带动个人"的全域文旅经济发展模式；同时结合平台数字化能力，提升四川省文旅数字经济发展的产业示范效益，提升四川省文旅数字化的治理能力，为数字经济活跃发展营造良好环境。

一是助力文旅企业管理降本经营增效。按照整体运营目标以 50％、80％、100％分阶段分步走的方式，逐批次覆盖、吸纳、带动、影响四川省文旅产业的相关景区、度假区、特产文旅小镇、旅游饭店、旅行社、文创基地、文旅商品生产商等入驻，通过平台提升四川省文旅企业的管理效能，降低一线人员管理成本，同时通过平台集中营销推广，逐步带动一批文旅企业增收增效。

二是助推数字经济规模总量提升。有效提升四川省文旅企业的数字化能力，借助文旅产业数字化及文旅数字产业化的落地运营，有效助推文旅产业数字化发展为四川省创新驱动发展的重要力量，逐步使四川省文旅产业中数字经济规模的总量在全省各类产业中名列前茅。

三是推进文旅产业结构优化转型升级。整合四川省文旅产业资源，带动产业集中式、集约化管理经营，优化文旅产业供给侧结构性改革，实现文旅发展全域化、文旅服务品质化、文旅治理规范化、文旅效益最大化的发展目标；有效促进文旅产业的总收入、接待人次、外汇收入实现翻番。

四是提升文旅产业综合效益。有效整合产业内优质文旅企业资源，推动省内文旅企业深化改革和推动民营企业的健康发展，助力文旅产业规模不断扩大，使其作为国民经济支柱产业的支撑带动作用更加凸显。结合四川省委、省政府提出的"总资产和总收入实现'双百亿'的企业达到 5 户，上市挂牌企业达到 50 户，文旅融合发展示范园区达到 30 个"总目标，借助平台运营，培育发展一批优质的资源优势强、经济效益好的大型文旅企业、上市企业，促进四川省文旅企业规模高效高质发展。

（三）创新效益

发展数字文旅产业是一项极具创新性和挑战性、兼顾社会效益和经济效益的系统工程，需要在理论和实践上勇于创新、不断探索，需要各方协同、群策群力，共同为建设数字文旅事业贡献智慧和力量。对"智游天府"发展进程中涌现出的新技术、新场景、新应用进行理论探索、实践创新与经验总结，为构建数字文旅产业生态提供创新的思路与方法。

一是形成行业理论高地。依托产业运营，围绕四川省文化和旅游产业发展，进行基础理论研究，共创共建文化和旅游融合理论体系，抢占国内文化和旅游产业理论高地。不断追踪国内外文化和旅游领域学术研究前沿和发展热点，把握产业发展方向，引领产业持续创新，助力四川省成为引领国内外文化和旅游理论发展聚集地。进行"文化＋旅游＋科技"创新理论研究，汇聚各方智力协同"智游天府"运营，结合公众对线上文旅服务需求，创新公众文旅消费模式，打造国内数字文旅标杆。聚集文化、旅游、科技等领域各界专家、学者，形成行业智库，支撑四川省文化强省、旅游强省建设。

二是实现技术创新引领。"智游天府"项目已获得科技部、文化和旅游部重点专项支持，并取得了多项优秀技术创新成果。通过对"智游天府"的运营，把所汇聚的四川省文旅大数据整合起来，依托行业经验和市场需求，创新文旅大数据的运营模式，提供"数据支撑应用、应用产生数据、数据服务决策、决策成就价值"的数据服务，打造国内文旅"产业数字化"标杆。依托大数据、人工智能、5G、区块链等现代信息技术的集成与应用，使"智游天府"具备先进的技术服务能力，为文旅行业大数据决策分析、基于5G的移动应用、平台金融服务、人工智能服务提供具备开放生态特性的技术平台支撑，为打造国内先进的数字文旅生态运营平台、形成四川省"大运营"格局打下坚实的技术基础，建立文旅行业技术创新引领示范。

三是打造运营模式创新。通过"政府引导、市场主导、建运一体"等方式，依托先进的技术手段整合四川省文旅资源，构建并形成四川省文旅资源"大运营"格局。按照"各方参与、全行业受益"的运营目标，按照集约化、差异化、个性化的品牌运营方式，充分调动四川省文旅主管部门和文旅企事业单位全行业力量，全面推进四川省文旅资源运营，围绕市场和行业的各种需求，不断变化运营模式，形成先进的运营模式。

第三节
主要作用

"智游天府"通过一期、二期建设,目前已基本实现了对其进行规划、立项时确定的主要目标,并正在加快落实《"智游天府"文化和旅游公共服务平台建设三年工作方案(2022—2024年)》提出的任务和要求,逐步建立起机制完善、功能健全、运转高效的四川省数字文旅生态。"智游天府"目前已产生的主要作用包括数据共建共享、行业数字化转型、生态体系构建、典型案例推广。

一、数据共建共享

"智游天府"实现了四川省文旅数据的互联共享。通过持续推进四川省文旅基础数据完善和运行数据对接工作,依托文旅大数据中心,建立了统一的数据标准,纵向贯通了各级文旅管理部门和企事业单位的基础及运行数据,形成省—市(州)—县(市、区)—企业有机联动;横向整合了公安、交通、气象等涉文涉旅数据,实现涉文涉旅数据的互联互通。通过数据汇集、储存、分级,实现了四川省文旅数据统一管理、统一展示、分类归档、统计分析、预测预警、授权应用等;掌握了行业动态和变化趋势,为常态化管理决策提供了基础性支撑;实现了四川省文化和旅游厅各

数字文旅探索——"智游天府"的创新与实践

业务数据自动归集和实时查询，实现了四川省文旅数据共建共享。

 二、行业数字化转型

实现了四川省文旅智慧管理。围绕智慧监管、协同办公和行业管理等方面，进行综合管理板块的建设。在智慧监管方面，集成了预约预订、视频监控、客流监测、假日填报、舆情监管、网评分析、产业运行监测等10个子系统。整合预约预订系统，集成四川省133家4A级及以上正常营业的封闭式景区门票网络预约渠道，接入对13家重点图书馆、10家重点博物馆的预约预订渠道。整合视频监控系统，集成四川省303家正常营业的4A级及以上旅游景区共计2000多路视频监控。通过假日运行监测系统，实现了四川省文旅系统假日填报统计分析、A级景区运行监测及预警等可视化展示和联动处理功能。通过投诉和举报系统，形成了省—市（州）—县（市、区）—企业四级联动的投诉和举报机制，实现了游客"一键投诉"，并可随时跟踪投诉举报处理进度和情况。在行业管理方面，集成了综合填报、抽样调查、专家抽取、重点项目管理、能人管理、志愿者管理、预算管理等10个业务系统，初步实现了行业精细化管理。在协同办公方面，已实现了机关公文、事务等流程化管理和上下协同，初步满足了机关政务一体化管理需求，提高了工作效能。

提供了四川省文旅线上公共服务。整合四川省文旅资源，进一步完善公共服务板块。结合"一网通办"百日攻坚工作，按照省委、省政府的要求，结合省大数据中心的考核通报要点，持续推进文旅政务服务"一网通办"建设工作，加快系统对接和文旅应用服务对接，破除信息孤岛，实现数据共享和业务协同，建立"一网通办"长效机制，提升文旅政务服务

"联、通、办"能力，实现为企业、群众办实事的目标。

完善了四川省文旅宣传推广新媒体矩阵。完成了宣传推广板块基础功能建设，整合四川省文旅资讯和活动，通过"智游天府"公众端积极向广大游客和群众进行宣传推广，不断提升四川省文旅品牌。在管理端整合并构建了省级文旅体系新媒体矩阵，在公众端推进市（州）新媒体号整合，形成省市联动的融媒体宣传矩阵，为提升四川省文旅品牌知名度、美誉度、吸引力提供支撑。

 三、生态体系构建

"智游天府"构建了四川省数字文旅生态体系。一是标准体系。围绕"智游天府"建设，制定了16个关于数字文旅建设的相关标准，形成数字文旅标准体系，指导和推动四川省数字文旅建设。二是技术体系。通过"云＋中台＋应用"技术框架，打造以"数字文旅生态系统"为底座的开放性技术体系，满足政府、企业、游客（公众）共性需求。三是建设体系。出台了《四川省文化旅游公共服务平台建设指南》，按照区域的标准和架构进行统一建设和有机联动，保证四川全省"一张网"，后续可以对接到四川省的数字化建设体系中，支撑省委、省政府打造"国家数字经济创新发展试验区"的相关建设，形成"横向到边、纵向到底、上下联动、齐抓共管"的数字文旅建设新格局。四是保障体系。以省政府办公厅名义发布了《加快"智游天府"全省文化和旅游公共服务平台建设实施方案》，分三年对平台的建设目标、建设内容、绩效标准、责任分工、保障要求等方面进行了整体规划，推动四川省数字文旅建设。

四、典型案例推广

"智游天府"发挥了数字文旅推广示范的作用。目前,"智游天府"已纳入四川省发展改革委、省委网信办《国家数字经济创新发展试创区(四川省 2021 年重点工作任务清单)》,"基于大数据的文化和旅游公共服务云平台研究及示范"获文化和旅游部推荐为国家科技部文化和旅游领域"科技助力经济 2020"重点专项立项,作为"2020 年度数字文旅创新发展案例"被《中国旅游报》广泛推广,子系统"金牌解说"为国家文旅部"2020 年度文化和旅游信息化发展典型案例"。

第四节
创新亮点

一、中台驱动

以中台为驱动,推动文旅融合互补互促。"智游天府"按照"云＋中台＋应用"设计理念,构建面向公众,纵贯省、市(州)、县(市、区)

文旅行业的一站式服务开放性平台，形成"以文彰旅、以旅促文"的文旅融合大平台，实现全省文化、旅游协调发展、持续发展。

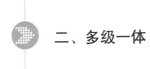

二、多级一体

按"四级一体"部署，统筹文旅行业良性发展。按省、市（州）、县（市、区）、景区（文博场馆）四级架构，形成"物理分散、逻辑相通、独立运行"的体系，通过建立政务云与边缘云相结合的云联网，实现省、市（州）、县（市、区）、景区（文博场馆）开放互联、数据共享、协同工作的局面。以省文旅厅为统筹规划部门，各市（州）、县（市、区）文旅主管部门为具体落实单位，文旅企事业单位为服务主体，建立相关制度，使各地、各级主管单位、各企业间形成有序竞争、良性竞争、良性发展。

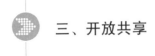

三、开放共享

构建开放共享格局，实现文旅行业合作共建。通过技术开放、数据开放、应用开放等，明确数据对接规范和应用建设标准，吸引企业、创客团队、公众参与平台应用开发；对符合规范和标准的应用系统，均可进行数据交换和系统整合，使平台成为开放性的实用、管用、好用的平台。

展望篇

第十章 数字经济发展展望

本章立足于国家重大战略和经济社会发展需求，深入剖析了数字经济的深远发展意义，凸显了其在推动经济增长、提升社会效率等方面的核心作用。同时，面对当前数字经济发展中的诸多挑战与机遇，本章提出了一系列富有前瞻性和可操作性的发展对策，旨在为数字经济的未来发展提供战略指引和决策支持，引领数字经济迈向更加繁荣、高效的未来。

第一节
发展意义

近年来，随着国家大数据、"互联网＋"等重大战略的推进与落实，我国数字经济发展势头正盛。发展数字经济这一重大战略对我国把握新一轮产业革命与技术革命、建设现代化经济体系、构建国际竞争新优势具有重要意义。在这一轮全新的国际竞争中，我们必须牢牢抓住数字技术与数字经济的发展先机。国家发展和改革委员会在《大力推动我国数字经济健康发展》中强调了发展数字经济对我国的重大意义与深远影响，并对以上三个方面的意义进行了诠释，具体内容如下：

发展数字经济是构建新发展格局的重要支撑。构建新发展格局是顺应大国发展规律、把握未来发展主动权的战略性布局和先手棋。数字经济是畅通经济循环、激活发展动能、增强经济韧性的重要支撑。数据已经成为重要生产力和关键生产要素，深入渗透到生产、分配、交换和消费的各个环节，引领劳动力、资本、土地、技术、管理等要素网络化共享、集约化整合、协作化开发和高效化利用，打通资源要素流动堵点，大大提高经济社会各领域资源配置效率。数字生产力快速发展，引领生产主体、生产对象、生产工具和生产方式变革调整，驱动实体经济体系重构、范式迁移，提升供给质量和供给效率，实现高水平供需动态平衡，提升经济发展整体效能。数字经济助力增强经济韧性，推动社会组织方式向平台化、生态化转型，打破产业和组织边界，提升企业间协同水平，增强产业链供应链对外部环境的适应能力，在逆全球化叠加疫情冲击的双重影响下，数字经济呈现逆势增长态势，保障经济社会健康平稳。

发展数字经济是建设现代化经济体系的重要引擎。建设现代化经济体系离不开大数据的发展和应用。数字经济具有高创新性、强渗透性、广覆盖性，能够有力引领建设现代化经济体系，推动经济高质量发展。新一代信息技术创新活跃，大数据、物联网、人工智能等数字经济核心产业创新能力强、成长潜力大、综合效益好，推动经济发展动力从主要依靠资源和低成本劳动力等要素投入转向创新驱动。数字技术正在颠覆传统经济运行模式，5G、人工智能、区块链等新技术赋能千行百业，推动农业、能源、建筑、服务业等传统领域数字化发展，引领产业高端化、智能化。数字政府、智慧城市、数字乡村建设推动公共服务和治理方式变革，随着"一网通办""一网统管"不断深化，公共服务更加便捷，营商环境持续优化，推动构建统一开放、竞争有序的市场环境。

发展数字经济是构筑国家竞争新优势的必然选择。当今世界，正在经历一场更大范围、更深层次的科技革命和产业变革。互联网、大数据、人工智能等现代信息技术不断取得突破，数字经济蓬勃发展，各国利益更加紧密相连。数字经济引领新一轮科技革命和产业变革，正在成为重组全球要素资源、重塑全球经济结构、改变全球竞争格局的关键力量，为世界经济发展增添了新动能。世界各国高度重视数字经济，纷纷加强战略制定、加大研发投入、推动产业数字化转型，促进创新增长和数字经济发展。我国拥有推动数字经济发展的坚实基础，拥有超大规模市场优势和完备产业体系优势，网民数量世界第一，数据资源规模庞大，产业数字化转型场景丰富，人民日益增长的美好生活需要还将催生更大规模、更加多元的内需市场[1]。

---

[1] 国家发展和改革委员会：《大力推动我国数字经济健康发展》，《中国经贸导刊》，2022 年第 2 期，第 8 页。

第二节
发展对策

自 2015 年实施"国家大数据战略"以来，我国推进数字经济发展和数字化转型的政策不断深化和落地。国务院印发促进大数据发展行动纲要；国家发展和改革委员会、工信部、中央网信办联合批复贵州、上海、京津冀、珠三角等 8 个大数据综合试验区；各省市积极推进数字经济发展，到 2020 年底已出台数字经济发展行动计划、产业规划等 60 余项。我国数字经济发展迅猛，新产品、新业态、新模式层出不穷，成为驱动中国经济发展的新引擎。

 一、加快新型基础设施建设，夯实数字经济发展基础

首先，要站在统筹经济发展全局的战略高度进行统筹规划，加强战略布局。加快建设智能化综合数字信息基础设施，畅通信息技术发展道路。信息基础设施建设方面，需要继续推进建设千兆光纤等新型数字基础设施，在大力促进 5G 技术投入规模化商业应用的同时，通过强化研发实现 6G 网络技术的领先地位。努力健全全国一体化大数据中心体系，以汇聚算力、算法、数据、应用资源合力。结合实际发展需求，统筹规划全国一体化算力网络国家枢纽节点建设、数据中心集群建设，优化数据中心建设布局。加快推进"东数西算"工程，力促实现不同网络和不同地域的数据中心之间的交互与共享，重视提升针对特定应用场景的计算能力，不断完善算力调度和统筹机制。促进各类新型基础设施的融合与布局，推动基础设施的网络化、智能化、服务化与协同化，为"智能＋"发展提供有力支撑。加快打造通信、导航、遥感民用空间基础设施体系，实现全球覆盖、高效运行。

要聚焦关键领域的技术革新，扬长避短，孵化并发展一众拥有国际竞争力和影响力的软件企业。通过软件产业的不断壮大，突破软件方面的"卡脖子"技术，确保关键软件的国内供给安全。培育具有产业链控制力的生态主导型企业，实现产业生态的自主性与可控性。着眼于产业发展的前沿领域，抢占产业发展的制高点，牢牢把握关键技术突破，不断加强自身在核心产业中的竞争力，持续更新产品和服务。促进集群化发展，打造世界级数字产业集群。

 二、加强关键核心技术的研发与应用，实现高水平自强自立

要强调培养数字经济核心技术的自主创新能力，在重视基础理论研究，提高基础研发能力的同时，加快突破关键应用技术研究，以实现数字技术的自给自足、自立自强。健全数字技术创新体系，优化创新模式，发扬"齐心协力办大事"的精神，持续推动行业和平台协同创新、共创共建共享。以数字融合应用为导向，动态优化相关机制，鼓励数字技术成果转化，加快将创新技术投入工程应用和产业实践。

当前，我国仍面临着大数据核心技术受制于人的困境，高端芯片、操作系统、工业设计软件等均是我国被"卡脖子"的短板，因此需要坚定不移走自主创新之路，加大力度解决自主可控问题。同时，应针对"人机物"三元融合的万物智能互联时代带来的新需求，把握前沿发展趋势，研发引领性技术，形成我国的技术长板。核心关键技术大都具有投入高、耗时长、难度大的特点，必须形成科学的管理体制机制，按照创新发展规律、科技管理规律、人才成长规律办事，加强创新资源统筹，优化资源配置，努力取得实质性突破，保障数字经济安全发展。

 三、完善数字经济治理体系，增强数字化公共服务效能

推动数字经济持续健康发展，要同步注重规范监管，在发展中规范、在规范中发展。传统的治理体系、机制与规则难以适应数字化发展所带来的变革，无法有效解决数字平台崛起所带来的市场垄断、税收侵蚀、安全隐私、伦理道德等问题，需尽快构建数字治理体系和数字经济治理体系。数字经济的可持续发展，需要不断完善、健全与之相适应的市场监管、宏观调控与政策法律法规，阻止资本的无序扩张。此外，需要持续完善数字经济市场的协同监管体系，力促不同部门、层级、区域之间的协同监管，实现事件全过程、全链条、全领域监管。通过创新与平台经济监管机制，保护数字经济利益相关者的合法权益。同时，也应为社会监督提供畅通的通道，保证社会各方拥有简便的诉求表达与权益维护渠道，维护公共利益和社会长治久安。

要不断推动数字政府和数字社会建设、政务信息化共建共用，对"互联网＋政务服务"提质提效，给企业和群众提供标准、规范、便利的政务服务，推行日常"一网通办"等便民利企的便利服务方式。此外，要加快推进公共服务资源的数字化，不断提升服务资源配置效率。要统筹推进城乡融合发展，实现"智慧城市"和"数字乡村"并行发展，多层次布局新型智慧城市建设，促进城乡间要素自由流动，努力构建数字城乡发展新格局。

 四、深入推进产业数字化转型，加快数字技术和实体经济深度融合

数字经济不只是经济增长的新抓手，更是撬动传统行业升级转型、推动构建现代化经济体系的重要杠杆。传统产业的数字化改造是实现生产力提升、创新生产方式的关键路径，是建设现代化产业体系的重要一环。因此，需要推动各个产业全链条、多方位的数字化转型，支持数字化平台的发展，促进产业集群的形成，鼓励产业生态化发展，探索三产业融合发展模式，大力促进智慧订单农业、供应链金融、服务型制造、商贸物流等融通发展。

抓住企业数字化转型的机遇，培养企业管理人员的数字化思维，提升员工的数字化能力和数据管理与应用水平，全方位、多角度推动企业各项业务数字化转型。先鼓励一部分大型企业尝试构筑能够整合信息的数字平台，提升智慧决策能力、智能生产效率与产业链协同效率，为中小企业提供示范。而中小企业可以结合自身诉求与特点，借鉴大型企业的数字化转型经验，有选择地对部分生产和管理环节进行转型升级，以点带面，逐步实现数字化转型。充分调动一部分大型企业主观能动性，支持它们根据自身特点和优势，带动其他传统企业和中小企业实现数字化转型。推动政务服务适应企业数字化转型需求，推出普惠性政务服务，降低技术准入和资金门槛。

五、推动数字产业创新发展，大力培育新业态、新模式

　　要创新新一代信息技术集成，大力推动融合应用，在服务模式创新上加快轻量化、定制化、平台化发展。加快促成信息技术软、硬件产品应用到各产业领域，并有序推进规模化应用，提升关键软件、硬件的技术创新能力和供给能力，壮大软件产业。促进平台经济持续健康发展，加强资源整合共享，全面扩大在线服务覆盖面。强化生活服务领域的共享经济融合应用，积极开辟资源共享空间。不断优化智能化产品、创新服务方式，开发智能制造、智慧销售、无人配送等新的经济增长点。着力健全多元价值传递，完善贡献分配体系，积极引导新型创业就业平台的孵化与发展。着力于推动数字产业在龙头企业的引领下有序向上发展，鼓励数据资源的开放与共享，奋力实现线上线下相结合的协同创新与供应链互通。鼓励新型协作平台的形成和发展，培育数字产业创新的良好生态，促进大中小企业和社会开发者达成长期协作，帮扶创新型企业走上发展的"快车道"。整体推进产业创新服务平台建设，汇聚优势资源，不断提升产业创新服务的支撑力度。

 六、加快数据要素市场培育，激活数据要素潜能

　　我国已经正式实施《数据安全法》和《个人信息保护法》，为数字经济发展提供了底线保障。加快培育数据要素市场，要进一步提高数据要素的供给质量，引导市场主体依法采集和处理数据，提升数据处理能力，推动数据服务产业的健康发展。建立健全数据资源标准体系，持续改善数据质量，提升数据管理水平，不断推进各类应用场景下的数据开放和共享。要打破各个领域之间的协议壁垒，加快推动通信协议兼容统一、融合互通，贯通数据链条。探索建立数据多层次管理体系，定期进行数据风险评测，提高日常监测、风险预警和应急处置能力。搭建统一的国家公共数据开放平台，有序共享公共数据资源，统筹数据资源利用，提升数据资源的利用价值。

持续推进数据要素市场化流通，不断完善要素市场管理与治理体系。鼓励市场主体参与建设数据资产定价机制，构建数据资产定价体系。严格监督与规范数据交易过程，建立健全数据市场运营与监督体系，坚决打击数据黑市现象，为实现高效与可持续的数据交易保驾护航。面向实际应用需求，建立和完善兼容各类型数据的开发利用机制。支持社会资本参与商业数据价值转化，引导数据价值向产品和服务转化，鼓励发展定制化数据服务，满足消费者的多样化需求。鼓励重点产业在合法合规条件下适度地开发与利用数据，号召社会生产的各界力量共享数据的价值。有序推进政务数据和公共数据的开发与使用，引入社会力量，最大化地对数据进行价值挖掘和转化。将城市数据融合及产业孵化融入新型智慧城市建设全局，不断提升城市层面的数据运营和综合利用水平。

 七、筑牢数字安全屏障，强化数字经济安全体系

要同步支持网络安全技术发展，切实保障关键系统和重要设备的安全

有序运行。持续加强网络安全基础设施建设，促进不同领域在网络安全上的共享与协同，不断提升应急事件处理能力、网络安全应急管理中的追踪与溯源能力。推进落实常态化数据安全性评估，加强网络安全保护。加大对相关安全保护产品的研发支持力度，对于切实有效的产品和服务，要积极进行推广应用。健全网络安全产业体系，加强网络安全宣传教育活动和人才培养机制建设，推进网络安全技术应用，最大限度地调动网络安全防护的创新力量，鼓励社会力量参与提供网络安全服务。

提高数据安全保障能力，不断完善数据安全治理体系，动态调整行业数据安全管理相关法律法规和政策。推动数据分层级、分类别管理，推动落实相关安全标准，对数据生产全流程进行规范化管理，监督数据使用者履行数据保护职责。按照相关法律法规要求，深化落实政务数据安全保障工作，加强政务数据的开放共享与社会化利用，严格落实网络安全审查等安全评估工作，切实防范国家安全风险。从制度与法律法规层面，规范跨境数据的安全管理。进一步规范各类个人信息的采集、传输和使用，提高个人信息获取利用的安全监管能力。

第十一章 数字文旅发展展望

　　本章深入探讨了数字文旅的发展趋势与变革方向。在明确发展原则与机制的基础上，深入剖析了文旅行业在数字化转型过程中所面临的三个核心问题 ——用户需求的精准把握、数据资源的有效利用和人才队伍的建设培养；同时，揭示了行业未来需要经历的三大革命性变革——思维方式的创新、技术手段的升级和决策模式的优化，为数字文旅的未来发展指明了方向。

第一节
发展原则与机制

一、发展原则

数字文旅的高质量发展必须坚持创新、协调、绿色、开放、共享发展相统一。对于推动文旅经济实现高效变革，创新是核心驱动、协调是内生特性、绿色是一般形态、开放是不二法门、共享是根本任务。

数字文旅的高质量发展离不开坚持创新发展。创新发展的关键是摒弃旧思想、包容新思想，以开放的心态接受新鲜事物，积极主动地应用新型数字技术打造新产品、新业态、新模式、新机制。

数字文旅的高质量发展离不开坚持协调发展。协调发展的关键在于合理利用数字技术不受时空限制的巨大优势，推动不同区域、不同层级的文旅产业协调发展、均衡发展，加速城市与乡村文旅的融合发展。

数字文旅的高质量发展离不开坚持绿色发展。"绿水青山就是金山银山"，数字技术的合理应用能够助力保护自然的绿水青山，也能让文化的绿水青山更加秀美。

数字文旅的高质量发展离不开坚持开放发展。开放发展的关键是既要牢固树立文化自信，又要充分发扬中华文化和中华民族谦虚、开放、包容的品质，将数字技术和数据要素广泛应用于讲好中国故事、树立中国形象，加强对外文化交流。

数字文旅的高质量发展离不开坚持共享发展。共享发展的关键在于允分发挥文旅融合、数字技术的共享特点，通过打造各主体共同参与、共同治理、共创共享的生态与平台，形成数字文旅共同体。

 ## 二、发展机制

（一）科技赋能，技术创新

技术是数字文旅创新发展的基础。落实数字强国战略，推进文旅企事业单位数字化转型，夯实文旅产业发展的数字化基础；加大数字文旅复合人才培养力度，优化复合型人才培养机制，推动数字文旅创作与传播；应用大数据、物联网、5G、AI 等数字文旅关键共性技术，提高技术转化效率。

（二）体验先行，产品创新

产品是数字文旅创新发展的内核。基于数字技术，为文旅消费者提供具有高情感附加值与幸福感的数字化文旅体验产品与服务；结合文创与虚拟现实技术，将智能导游、可穿戴设备等技术嵌入义旅体验的各个环节，开发数字景区、数字文博场馆等项目，优化数字文旅产品体系；以运行管理和监测系统为切入点，提升政府和企业的信息化管理水平和能力。

（三）聚焦需求，市场创新

市场是数字文旅创新发展的抓手。以文旅消费者的需求为突破口，加速文旅产业供给侧改革，优化市场供需结构；全面把握文旅消费提质增效节奏，创新云端游戏、数字娱乐等文旅体验新模式，深入发掘消费潜力；促进市场需求与数字技术"同频共振"，全面提升数字文旅消费的便捷度和满意度。

（四）合作共赢，营销创新

营销是数字文旅创新发展的手段。数字文旅的各个主体应在营销上互惠互助、协同创新营销方式；将文旅营销网络化、智能化、新媒体化，整合线上线下营销渠道；开展"人人分销"，将数字文旅打造成经济内循环新的增长点。

（五）共建共享，管理创新

管理是数字文旅创新发展的关键。数字化赋能数字文旅的公共治理，能够有效提升智能化、精细化管理能力；数字文旅产业中的各大企业共同构建透明化、集成化的数据共享机制，优化数据资源配置，有利于推进数据资产化、提升企业管理效率；提倡公众对数字文旅进行共管共治，推动数字文旅全民共建、全民共享。

第二节
行业数字化转型

新一代信息技术的运用，为"文化＋旅游＋科技"的深度融合提供了新动能，催生了新模式、新业态，呈现出文旅服务智慧化和便捷化、文旅管理智能化和精细化、文旅营销精准化和个性化、文旅体验网络化和互动化的发展趋势，文旅产业正在通过数字化转型实现高质量发展。

立足于新发展趋势，全方位精确落实绿色发展理念，牢牢把握发展新机遇，以高质量发展旅游产业链为目标，以产业结构升级性创新为主导线，以数字化转型为关键着力点，推动"文化＋旅游＋科技"深度融合、创新发展，培育融合发展新业态、新模式，激发企业融合发展活力，全面推进文旅产业数字化转型发展、高质量发展。

 一、三个关键

文旅产业数字化转型包含面向政府的"数字化监管"（G 端）、面向企业的"数字化营销"（B 端）、面向公众的"数字化服务"（C 端）等诸多方面的内容，而其中提供文旅产品与服务的市场主体——文旅企事业单位（景区、旅游度假区、博物馆、文化场馆、文化企业、文创企业等）的数字化转型是文旅产业数字化转型的中坚力量。智慧文旅产品和服务、文旅智能制造、线上文博、云旅游、沉浸式体验、数字生态平台等都是文旅企业在数字化转型过程中逐步创造出来的新产品、新业态、新模式。文旅产业数字化转型是个复杂的系统性工程，涉及战略制定、组织变革、管理变革、数据治理、技术更新、产品创新、生态构建、金融服务等方方面面的内容，如果对文旅产业数字化转型缺乏整体认识，那么在产业数字化转型时无法做到"全局观"和"点线面相结合"。如果只是片面地认为数字化转型就是增加一些信息化设备和软件系统，增加一些智能化应用和数据工具，那么这种数字化转型将会是"治标不治本"的。

文旅企业数字化转型过程有三个关键因素：用户、数据、人才。

（一）用户

以用户为核心，是文旅企业在数字化时代生存与发展的生命线。以用户为核心，不是简单的对服务员与客户关系的表层解读，而要延伸到功能服务、认知服务、利他服务等环节。企业要想用户之所想，以用户需求为出发点，迭代企业的产品服务，满足用户的核心需求。只有了解用户痛点，满足甚至超越客户需求，文旅企业的产品和服务才能够获得用户的认可。然而，以用户为核心，不仅仅是思想理念上的转变，还需要有效地和用户连接。文旅企业数字化转型升级是一个长期的、持续迭代的过程，只有知道用户真正想要的是什么，才能够为用户提供满意的产品和服务。文旅企业要始终以用户需求为核心，借助云计算、大数据、人工智能、虚拟现实等数字技术，精准触及用户群体，提供超越预期的服务体验，进而实现产品的迭代创新和商业模式的进化。

（二）数据

文旅企业要实现以用户为核心，满足用户的普遍性和个性化需求，靠的是企业的数据资产。作为生产要素，数据的重要性不言而喻。文旅企业和行业关联企业通过借助云计算、大数据、人工智能等数字技术，实现以数据为驱动的智能管理、智慧服务、精准营销、高效运营，构建产业链的智能化闭环，助力企业实现降本增效、智能化决策、体验优化和价值创造。通过运用"大数据"，文旅企业可借助数字化转型升级整合企业内外部数据，更深入地洞察自身的经营管理情况，促进流程优化，驱动智能化决策；可基于海量数据的实时收集，通过对数据的精准分析，提供符合市场需求的高质量产品，达到降本增效的目的；可完成对用户服务全过程中的数据采集与分析，形成更加完整的用户画像，为企业获取忠实用户、扩大用户群体、进行精准投放提供有效支持。

（三）人才

数字经济浪潮的到来迫使企业开始思考如何从工作流程、业务模式、产品开发、客户服务、应用场景等方面快速布局数字化。实现"数据驱动业务"需要依靠懂业务、懂技术的人才推动数字化建设、管理和运营。为推动"文化＋旅游＋科技"深度融合发展，实现文旅企业快速、高质量的数字化转型，不仅需要掌握文化和旅游专业知识的人才，还需要精通数字化方面知识的复合型人才。企业的数字化和数据体系的建设、运营和维护不仅需要掌握数据战略的高层次人才，还需要熟悉技术、算法和应用方面的中层、基层人才。只有深谙业务逻辑和技术原理的专业性、复合型人才，才能有效落实和推动企业数字化转型工作中的细节，解决具体问题，真正实现数据赋能业务与产业。企业只有拥有数字化人才，才能形成数字化文化，进而通过具有一定规模和专业能力并能熟练使用数字化工具的人才来推动数字化应用。因而，要引导公司进行人才培养方式的转型升级，将培养数字思维和相关应用的培训课程纳入人才培养过程，形成数字专业技能人才培养管理体系。新政策的出台应正确引导数字化专业人才的发展方向，积极主动构建良好氛围，制定高效、灵活的人才引入、培养、使用、评价、激励等政策，促进数字技术人才与传统文旅行业的发展相结合。

 二、三场革命

文旅产业数字化转型本质上是数字技术驱动下的一场业务、管理和商业模式等方面的颠覆性转变，其中，数字技术是支点，企业业务是内核。在"数据＋算力＋算法"定义的世界中，以数据的价值发现化解复杂系统的不确定性，优化资源配置效率，构建文旅产业新型竞争优势。在数字化转型过程中，需要经历三场革命：思维革命、工具革命、决策革命。

思维革命以信息化提升数字素养与技能。数字素养和技能是数字社会公民学习、工作和生活中应具有的数字获得、制作、应用、点评、互动、共享、自主创新、安全防范措施和社会道德等一系列素养和能力的结合。当今社会经济发展的数字化转型持续加速，数字化影响着人们逻辑思维、生活、生产制造和教学方式，推动文化事业、文化产业和旅游产业深度变革，文化和旅游从业者特别是管理者的数字素养与技能日益成为评价文旅产业竞争力和软实力的关键指标。

工具革命以自动化提高工作效率。利用数字化技术制定应用接入规范，构建面向文化和旅游业务场景的应用生态，形成类似于 App Store 的应用市场，汇聚海量面向场景的应用工具集，创新面向应用场景和细分领域的应用推广模式，降低信息化推广和应用成本，提高文旅企事业单位的信息化水平和工作效率。

决策革命以智能化提高决策科学性和精准化。和以往科技进步不同的是，通过"数据＋算法＋算力"的深度赋能，不仅在工具端，更在决策端推动了新的革命。随着智能制造渗透到从需求到生产的各个环节，智能化可以提高决策的科学性与精准性，提高决策效率，降低试错成本。数字文旅在提供更好的工具的同时，也将帮助决策端在生产中做出更好的决策，做"正确的事"。

第十二章 四川省数字文旅发展展望

本章聚焦四川省数字文旅的未来发展蓝图，详细规划了"智游天府"在市场运营、品牌宣传、后期规划、重点目标以及文旅"新基建"等方面的完善升级路径；同时，从顶层设计、重点领域、协同联动和人才培养等多个维度，深入分析了数字化建设如何赋能四川文旅的高质量发展。

第一节
推进平台不断完善升级

按照《四川省加快"智游天府"全省文化和旅游公共服务平台建设实施方案》及《"智游天府"文化和旅游公共服务平台建设三年工作方案（2022—2024 年）》的工作安排，接下来"智游天府"的管理方、建设方、运营方及其他参与方将继续落实以下工作。

一、全面推动市场运营

按照"政府引导、国有龙头企业牵头、优势企业参与、面向全行业开放"的原则，目前已组建了由川旅信产、新希望以及阿里巴巴等参与的智游天府运营公司。在四川省文化和旅游厅的战略部署和统筹安排下，"智游天府"将按照"三端合一"模式，通过打造"1＋1＋N"的运营模式，在优先满足公益服务的要求下，做好"智游天府"系统维护、网络安全、功能升级、宣传推广、预约预订等运营工作，并在功能上不断满足公众需求，提高服务公众覆盖率和公众满意度；同时，围绕"安逸四川"的文旅品牌，通过"智游天府"公众端进行四川省文旅资源和产品的市场运营，不断扩大"智游天府"品牌知名度。依法依规共享相关数据，让大数据更好地服务大众和游客。督促智游天府运营公司不断提升"智游天府"服务能力，加强"安逸四川"品牌和天府旅游名牌系列宣传推广，吸引更多游客关注"智游天府"、体验四川省文旅，增强人民群众的幸福感、获得感。

 ## 二、抓好品牌宣传推广

以"坚持目标导向、问题导向、服务导向"为原则，做好规划统筹，围绕"安逸四川"这一内核，以"致力于服务企业与游客"为目标，通过广泛开展节事、推广活动，优化完善宣传推广平台相关功能，建设集信息发布、资源共享、营销推介、媒体对接、资讯热榜、互动交流等功能为一体的文旅宣传总展馆，满足活动信息"一站式"发布、推介，新闻媒体"一体化"转载、传播，广大游客"一键式"获取、分享。打造多元融合、全面立体的四川省文旅媒体体系，加速构建政企联动的融媒体矩阵，加强四川省文旅资讯的公信力与实效性，通过融合四川省各层次、各类型文旅宣传推广资源，形成在国内甚至国际具有一定影响力的四川省文旅品牌。

 ## 三、做好后期规划建设

以"好用实用管用"为目标，做好"智游天府"后期的统筹规划。开展综合管理平台的业务升级、功能升级、交互升级，重点打造工作计划、工作督办、出差与请休假、会务管理、项目申报、考核晾晒、填报统计等综合业务系统；不断提升日常办公协同、行业运行监测、智慧应急管理能力，形成智慧协同的政务管理体系。

四、落实重点目标任务

2022年5月四川省文化和旅游厅印发的《"智游天府"文化和旅游公共服务平台建设三年工作方案（2022—2024年)》明确提出：

2022年实现起步攻坚，全省文旅行业的业务流程超过70％线上运行。新建35个业务子系统，优化提升和推广应用已建子系统。OA协同办公拓展至直属单位、市（州）部门，厅机关实现50％的非涉密办公会议无纸化。推动"智游天府"管理端市（州）标准版建设应用，实现省市基础数据共享。开展"互联网＋监管"行业体系建设。

2023年实现拓展深化，全省文旅行业的业务流程90％线上运行。新建24个业务子系统。OA协同办公拓展至部分县级。厅机关实现80％的非涉密办公会议无纸化。推动"智游天府"管理端市（州）标准版建设应用，实现省市与50％的县基础数据共享。发挥"互联网＋监管"行业体系效能，基本实现行业市场监管平台跟踪。

2024年实现提升完善，全省文旅行业的业务流程100％线上运行。全面优化"智游天府"的基础建设和推广应用。厅机关实现100％的非涉密办公会议无纸化。推动"智游天府"管理端市（州）标准版建设应用，实现省市县基础数据共享。实现"智游天府""管用、实用、好用"的目标，力争成为全国文旅数字化、网络化、智能化建设的典型示范案例。

五、推动文旅"新基建"

通过"智游天府"建设推动文旅"新基建",全面提升文旅产品质量和公共服务水平,不断开创数字文旅新局面。一是以景区创建标准为突破,全面推动智慧旅游景区建设。结合文化和旅游部关于《智慧旅游景区建设指南》,编制发布四川省地方标准《智慧旅游景区建设规范》,指导四川省景区依托 5G、大数据、物联网、人工智能、流媒体等新技术,全面推进智慧旅游景区建设。通过以点带面、重点突破,全面推进四川省智慧旅游景区建设,并带动全行业、全业态智慧化建设。二是以"新基建"示范为引领,全面推动数字文旅建设。通过文旅"新基建"示范单位试点申报,全面开展创建工作。按照"一层级一示范、一业态一示范"等方式,在四川省进行各业态示范试点建设。通过省、市(州)、县(市、区)、企业四级联动和示范试点引领,全面推进四川省数字文旅建设。三是推动成渝互联互通市场运营,培育文旅产业发展生态。按照"政府引导、企业主体、市场运作"运营模式,建设覆盖省、市(州)、县(市、区)三级的智游天府运营体系;围绕十四五"成渝经济圈"战略引领要求,依托科技手段,建设覆盖成渝两地的运营体系,形成市场联通、要素联通创新机制,共建共享文旅市场,不断满足人民群众对美好生活的需求,为成渝两地经济发展做贡献。

最终通过"智游天府"建设,以"文化+旅游+科技"的思路通过整合资源、融合创新,打造国内一流的数字文旅融合标杆,即文旅产业"大融合";打造具有四川文旅产业特色的综合性应用服务平台,构建开放生态,即"大平台";通过本地化运营,打造四川省文旅资源"大运营";按照技术协同、市场协同、产业协同的建设思路,打造数字文旅产业生态共同体,推动文旅产业协同发展,形成产业协同发展生态体系,即"大生态",最终服务四川省文旅"大产业",推动四川全省文旅游产业数字化转型,为"数字四川"早日建成提供有力支撑。

第二节
数字化赋能高质量发展

"智游天府"是推动四川省文旅数字化建设的重要引擎。对于整个行业,可以通过"智游天府"倒逼四川省各级政府和文旅企事业单位"上云用数赋智",提升政府、企业和公众的数字化意识、素养和应用能力,丰富文旅行业基础数据;对于政府内部,"智游天府"的建设可让所有部门、业务全部上平台,促使数据沉淀于大数据中心,实现全面数字化。推动"智游天府"建设的过程实质上是推动文旅行业数字化的过程,为此,我们应以"智游天府"建设为抓手,全面推进四川省数字文旅高质量发展。

 一、加强顶层设计

以四川省数字文旅建设与发展相关的各项总体规划、指导意见、建设方案等为引领,围绕产业发展、公共服务、行业治理、安全保障、标准体系等方面，全面梳理和落实重点工作任务和重点建设项目，为各部门统筹专项资金预算，按照"工作项目化、项目清单化、清单责任化"的要求，推进实施数字文旅项目建设，为聚力加快推进四川省文旅产业全方位、深层次数字化转型升级，提供有力支撑。

 二、聚焦重点领域

围绕四川省文化和旅游厅、四川省经信厅联合下发的《关于推动全省文化和旅游新型基础设施建设的通知》，加快推进四川省文旅新型基础设施建设，不断深化 5G、大数据、区块链等数字技术在文旅产业中的运用深度和广度；建设数字化宣传推广平台，整合各类各级资源，做好做实宣传内容，通过数字化手段讲好四川故事；加快推动国有 A 级旅游景区及国家一、二、三级博物馆等文旅场馆实现门票在线分时预约预订，实现便捷入园。继续建设和完善文旅大数据平台，形成基于行业应用的信息集成和数据共享，夯实数字文旅发展基础；继续做好"智游天府"综合管理平台业务升级、功能升级、交互升级，以"好用实用管用"为目标，丰富拓展文化和旅游行业管理和政务服务应用，逐步构建基于文旅大数据分析的产业运行监测体系，提升文旅行业数字化治理能力，加快推进文旅政务服务"一网通办"建设工作；加快传统文旅资源产品线上线下融合发展，大力推动实施普惠性的"上云用数赋智"，提升川渝数字文旅协同发展优势，促进文旅产业数字化转型；增强科技创新发展动力，充分发挥数字技术对文旅产业链的赋能裂变作用，培育数字文旅新业态、新场景、新消费，推动文旅产业生产方式、体验方式、服务方式、管理模式和营销模式创新；引导互联网及其他领域龙头企业在川布局数字文旅产业，建设文旅科学技术创新中心，大力发展数字文创产业；加大对专精特新"小巨人"企业、瞪羚企业等文旅创新型企业的政策支持力度，提升本土数字文旅企业核心竞争力，培育数字文旅企业主体；优化数字文旅公共服务，加快公共文化场所数字化转型升级，建立数字文旅资源库，搭建四川省公共文化云服务平台；通过传统文旅资源数字化，打破传统公共服务的应用边界，实现文旅公共服务资源线上线下整合提升，拓展公共服务的内涵外延，提升文旅公共服务覆盖面。提升数字文旅标准化水平，依托省级文旅标准化技术委员会，统筹四川省文化和旅游标准起草和技术审查工作，建立广覆盖、全方位的数字文旅标准体系；聚焦于文旅重点领域、重点产品，严格执行强制性标准，推广运用推荐性标准，提高数字文旅标准化建设水平。加强数字文旅安全体系化建设，重点建设智慧应急指挥系统，提升应急风险预警能力，强化网络信息安全保障；增强文旅行业安全风险识别、预警、处置的时效性和精准性，全面加强数字技术深度应用伴随的信息安全风险防范处置能力。

 三、密切协同联动

推动形成省、市（州）、县（市、区）文旅部门上下联动、齐抓共管的工作合力，强化政府引导，加强要素保障，坚持共建共享，打破行政壁垒，统筹推进四川省数字文旅产业发展的重大决策、重要政策、重大工程和重大项目。建立健全文旅与公安、交通、气象等部门之间信息共享的长效工作机制。整合经信、科技、市场管理等部门行政资源，建立联席会议工作机制，推动数字文旅新基建，促进文化和旅游领域科技创新和成果转化，加强文旅 IP 知识产权保护，构建数字文旅标准体系。强化政府、高校、企业之间的协同配合，鼓励企业、社会等多方参与数字文旅建设，激发文旅产业发展活力，实现公共管理服务与市场运营有机衔接，凝聚推动数字文旅发展的强大动力。

四、加快人才培养

加快培养数字文旅领域的专业化人才，优化人才培养结构，加强创新型、复合型文旅跨界人才培养。加大对文旅科技创新领域优秀人才的培养，逐步推进文化艺术和旅游职业教育转型升级。建设文旅科技人才培养基地、专业人才实训基地。组建四川省文化和旅游发展研究智库，建设好文化和旅游部四川培训基地、中国非物质文化遗产传承人群培训基地。实施校企深度合作项目，建设有辐射引领作用的高水平专业化产教融合实训基地。持续提升实训基地、课程研发、师资队伍，开展文化旅游人才实训基地建设，做强四川省文旅培训品牌。持续举办"天府文旅大讲堂"，逐步搭建文旅领域专项特种培训平台，提升线上数字化远程培训水平。全面加强全省文旅系统人才培训工作，对全省文旅系统行政管理人员、企业经营管理人员、产业带头人及行业专家等在数字经济、文旅融合、标准化、知识产权、公共服务质量提升等方面进行系统培训。按规定鼓励采取双向兼职、互派挂职、技术入股等方式，引入国内外知名文旅专家开展长期或短期合作。实施职业技能提升行动，重点针对涉旅住宿业、旅行社、景区从业人员和旅游向导人员开展线下线上培训。组织职业技能比武，举办旅游行业各类技能竞赛。鼓励职业院校和相关院团（企业）根据社会需求开展高质量培训。加强社会艺术水平考级管理工作，以新技术提升社会艺术水平考级的工作质量和效能。推进艺术、旅游、文物博物、群众文化等领域职称制度改革，科学建立艺术创意设计、动漫游戏、旅游、彩灯等新兴专业人才评价体系。实施四川省文旅英才培养计划，分级分类构建省、市（州）、县（市、区）三级"文化和旅游英才库"。

附　录

附录 1

四川省人民政府办公厅
关于印发四川省加快"智游天府"全省文化和旅游
公共服务平台建设实施方案的通知

川办函〔2020〕40 号

各市（州）人民政府，省政府各部门、各直属机构，有关单位：

《四川省加快"智游天府"全省文化和旅游公共服务平台建设实施方案》已经省政府同意，现印发给你们，请认真组织实施。

四川省人民政府办公厅

2020 年 7 月 28 日

四川省加快"智游天府"全省文化和旅游
公共服务平台建设实施方案

为贯彻落实《中共四川省委　四川省人民政府关于大力发展文旅经济加快建设文化强省旅游强省的意见》（川委发〔2019〕11 号）精神，按照全省文化和旅游发展大会部署，制定本实施方案。

一、建设目标

力争通过 3 年时间，建成覆盖全面、功能完善、运转高效、方便快捷的"智游天府"全省文化和旅游公共服务平台，做到全省文旅公众服务、综合管理、宣传推广的全面智慧化，实现服务"一键通"、监管"无盲区"、宣传"快精准"，进一步提升文旅公共服务水平，持续优化旅游市场环境，让公众和游客消费便捷度、满意度显著提高，助力建设世界重要旅游目的地。

二、主要任务

"智游天府"全省文化和旅游公共服务平台建设，要按照"管用、实用、好用"的要求，整体规划、分步实施、有序推进。

（一）建设全省文旅大数据中心

通过四川省政务信息资源共享平台，全面整合各类基础数据、生产数据、消费数据和周边数据，拓展全省文旅大数据中心，分类建立各主题数据库，构建纵向贯通、横向协同的文化和旅游大数据体系。支持各市（州）、县（市、区）按照统一标准规范，结合自身应用实际，依托政务云统筹规划建设当地文化和旅游大数据中心。〔责任单位：各市（州）人民政府，文化和旅游厅、省发展改革委、经济和信息化厅、省大数据中心〕

（二）建设全省文旅综合管理平台

按照标准统一、科学规范的原则，结合省、市（州）、县（市、区）各级文旅行政管理部门业务需求，建设全省文旅综合管理平台。在满足与省"互联网＋监管"平台对接要求的基础上，建设产业监测、指挥调度、决策支撑等子系统。鼓励有条件的市（州）探索建设软件即服务（SaaS）模式的综合管理系统，推动各县（市、区）自主上线满足个性化管理需求的特色应用。〔责任单位：各市（州）人民政府，文化和旅游厅、经济和

信息化厅、省大数据中心]

（三）建设全省文旅公众服务平台

建设全省文旅公众服务平台，加强与"天府通办"对接，设置"直通文旅"分站点，通过智能手机、导游机等移动终端，为公众提供旅游在线咨询预订、电子支付、投诉维权等全过程、一站式服务，构建面向社会公众的智慧化公共服务体系。充分考虑国际游客需求，合理增加多语种导览、查询、支付等功能。支持有条件的市（州）建设本地文旅公众服务平台，并实现与省级文旅公众服务平台互联互通。[责任单位：各市（州）人民政府，文化和旅游厅、经济和信息化厅、省大数据中心]

（四）建设全省文旅宣传推广平台

以"天府三九大·安逸走四川"为品牌营销核心，以服务企业、服务游客为目标，以节会、推介活动为抓手，打造全省文旅宣传推广平台，构建覆盖广播电视、平面纸媒及网络新媒体的全方位、多层次的媒体推广体系，形成具有公信力、权威性、时效性的全省文旅资讯和宣传推广媒体联盟，将四川文旅产品推向国际。[责任单位：各市（州）人民政府，文化和旅游厅、经济和信息化厅．省大数据中心]

（五）建设智慧化文旅信息标准体系

大力推进智慧旅游城市、智慧景区、智慧文旅小镇、数字图书馆、数字文化馆、数字博物馆以及"共享交换"等方面标准化建设工作，探索建立全省文化和旅游信息化地方标准体系。[责任单位：文化和旅游厅、经济和信息化厅、省市场监管局、省大数据中心]

（六）推动文旅数据归集共享

切实做好与省直有关部门（单位）的数据对接和共享，大力推进与市（州）、县（市、区）以及文博场馆、旅游景区、度假区等的数据对接和共享。通过四川省政务信息资源共享平台，争取与国家相关部委数据实现对接和共享。积极支持文旅领域企事业单位业务上云，尽快实现更多的文旅产品、服务与"智游天府"全省文化和旅游公共服务平台实时数据对接。

［责任单位：各市（州）人民政府，文化和旅游厅、经济和信息化厅、公安厅、自然资源厅、生态环境厅、水利厅、农业农村厅、商务厅、省卫生健康委、省体育局、省林草局、省大数据中心、省气象局］

（七）支持开展文旅智慧化示范推广

鼓励推广文旅智慧化集成应用，支持探索设立文旅智慧化科技专项资金、产业扶贫专项资金。开展全省智慧文旅示范县（市、区）、智慧文旅示范单位创建，支持市（州）、县（市、区）及文旅企事业单位等加大智慧化建设投入、提升智慧化服务水平。持续办好文化和旅游新技术应用大会，大力推广智慧化新技术成果应用，培育智慧文旅产业生态体系。［责任单位：各市（州）人民政府，文化和旅游厅、经济和信息化厅、科技厅］

三、实施步骤

（一）全面建设和应用推广阶段

2020 年完成"智游天府"全省文化和旅游公共服务平台基础建设和上线运行工作，实现全省文化和旅游基础数据全面对接，公共文化场馆基本服务业务系统全部上云，业务数据自动采集。完成与各市（州）、天府旅游名县命名县文旅信息平台和 4A 级（含）以上旅游景区、国家级旅游度假区、省级特色文旅小镇、5 星级旅游饭店、一级文化馆、一级图书馆、一级博物馆、出境游旅行社等企事业单位信息系统实时对接，社会公众使用人次达到 300 万以上。

（二）功能升级和系统优化阶段

2021 年聚焦"智游天府"全省文化和旅游公共服务平台功能升级和体验优化，努力实现平台功能更加系统完善、设计更加科学合理、服务更加精准高效。完成与天府旅游名县候选县文旅信息平台和全部 4 星级旅游饭店、金鼎级文化主题饭店、金叶级绿色饭店、二级文化馆、二级图书馆、二级博物馆、所有旅行社等企事业单位信息系统实时对接，社会公众使用人次达到 1000 万以上。

（三）深化应用和品质提升阶段

2022 年，着力推进省、市（州）、县（市、区）、乡镇（街道）文旅行业宣传管理服务全面信息化、文博场馆全面数字化，实现四级文旅数据纵向贯通和横向协同，公众和游客消费便捷度和满意度显著提升，服务文旅强省建设的作用更加突出。完成与全部 3A 级旅游景区、3 星级旅游饭店、银鼎级文化主题饭店、银叶级绿色饭店、三级文化馆、三级图书馆、三级博物馆等企事业单位信息系统实时对接，社会公众使用人次达到 3000 万以上。

四、工作要求

（一）加强领导

各地、各责任单位要高度重视"智游天府"全省文化和旅游公共服务平台建设工作，统筹抓好本辖区、本系统智慧文旅基础设施建设、标准制定、技术应用和宣传推广工作。文化和旅游厅牵头负责全省"智游天府"全省文化和旅游公共服务平台建设实施工作；省直有关部门（单位）要加强配合，加大指导支持力度；各地文旅行政管理部门、企事业单位和各类文旅市场主体要积极宣传推广使用。

（二）统筹推进

文旅行政管理部门要将智慧文旅建设水平作为评价天府旅游名县、全域旅游示范区、文明旅游示范区（单位）、文化生态保护区，A 级旅游景区创建复核，文旅产业优秀龙头企业、星级酒店、公共文博场馆、互联网上网场所等评定及管理工作的重要依据。各地、各责任单位要强化智慧文旅建设水平，切实增强景区景点预约预定、视频监控等网络服务管理能力。

（三）强化保障

加大文化和旅游发展专项资金支持智慧文旅建设力度，对示范性好、引领性强、工作推进有力的地区和单位可采取奖补结合的方式予以支持。

各地要大力营造文化和旅游数字化、智慧化发展的良好环境，搭建融资平台、拓宽融资渠道，鼓励和引导金融机构、社会力量积极参与智慧文旅建设。切实加大文化、旅游和信息化专业人才招引、培训力度，建立与智慧文旅发展相适应的专业人才队伍。

附录 2

四川省文化和旅游厅　四川省经济和信息化厅 关于推动全省文化和旅游新型基础设施建设的通知

川文旅发〔2021〕63 号

各市（州）文化和旅游局、经济和信息化（数字经济）主管部门：

为加快推进我省文化和旅游行业新型基础设施建设，以示范引领全省文化和旅游信息化建设，推动我省文旅产业高质量发展，根据文化和旅游部《"十四五"文化和旅游发展规划》、《四川省"十四五"新型基础设施建设规划》（川府发〔2021〕19 号）、《四川省加快推进新型基础设施建设行动方案（2020—2022 年）》（川办发〔2020〕56 号）和《四川省加快"智游天府"全省文化和旅游公共服务平台建设实施方案》（川办函〔2020〕40 号）等文件精神，结合我省文化和旅游产业发展实际，现就进一步推动我省文化和旅游新型基础设施建设工作通知如下。

一、基本原则

（一）科技赋能，基建支撑

以科技创新为引领，持续加强相关领域的技术创新和推广应用，充分结合大数据、物联网、5G 和人工智能等前沿信息技术，推动科技与文旅行业的深度融合应用，为文旅产业实现数字化、网络化、智能化发展夯实基础。

（二）系统谋划，统筹推进

加强部门协同，全面推动文旅企事业单位"上云用数赋智"，把文旅产业的智慧化建设纳入新型基础设施的"总盘子"中。不断提升文旅单位在线管理和服务能力,为居民和游客提供更加安全便捷的文化和旅游服务。

(三)政府引导,典型带动

积极发挥好政府政策引导和调控调配作用,注重挖掘成功案例、总结经验模式,激发文旅企事业单位积极性,重点推进一批文旅数字化重大科技基础设施和产业技术创新设施建设典型单位,高水平打造一批智慧旅游城市和智慧景区,引领并提升我省文旅产业信息化基础能力。

二、目标任务

到 2023 年,推动文旅重大信息基础设施和产业技术创新设施、智慧旅游城市、智慧景区等方面共计 130 个优秀文旅"新基建"建设单位;加快"智游天府"文化和旅游公共服务平台应用推广,培育数字文旅发展新模式。

三、支持方向

(一)加强文化和旅游"新基建"建设

1. 加快移动网络覆盖。推进文化和旅游重点区域 5G 网络全域覆盖,实现 5G 网络在全省文旅重点区域的深度覆盖。加强物联网设施建设,实现对公众、文旅资源、设施设备和生态环境的实时监测与管理;推动基于窄带物联网和 5G 移动物联网综合生态系统建设,为形成物联网基础设施建设和应用提供技术保障。

2. 深化新技术场景应用。提升区块链核心创新能力,实现区块链在政务服务、在线预约预订、数字版权、产品溯源等领域的创新应用,重构文旅结构,创新文旅生态。加快人工智能场景应用,实现智能导游导览、智能客服等应用,通过科技手段推动文化和旅游生产方式、服务方式、管理模式创新。

3. 完善公共服务平台和设施。建设并升级全省文化和旅游数据中心,推动与"智游天府"文化和旅游公共服务平台的互联互通，实现各地文旅数据的自动归集、集中存储、快速处理和应用共享，提升全省文旅行业运行管理和决策能力。鼓励建设一批数字文化馆、数字图书馆、数字非物质文化遗产馆。

4. 深入实施"业务上云"。全面推动全省文旅企事业单位"上云用数赋智"，加快我省文旅产业数字化改造和转型升级，不断提升文旅单位在线化服务能力和水平，打造文旅产业"新业态"。

（二）开展文化和旅游"新基建"融合典型应用

1. 智慧旅游城市建设。基于云计算、大数据、区块链、移动互联网等信息技术，结合各地实际，按照《县域智慧旅游城市建设指南》，与新型智慧城市建设、"智游天府"文化和旅游公共服务平台应用推广相融合，推进智慧旅游城市建设。

（1）基础设施。加大光纤网络、无线网络、物联网等网络支撑；构建旅游大数据资源体系，采集共享跨界涉旅相关数据，依托当地政务云统筹规划建设县（市、区）域文化和旅游大数据中心；建设公共安全视频监控系统，实现安全管理、游客和车辆统计、越界报警等；建设公共广播系统，在主要景点、主要游线、游客聚集地、安全隐患点等区域提供数字音频广播服务；建设智能停车系统，支持车位预约、停车引导、智能寻车、无感支付等应用。

（2）智慧旅游城市指挥中心。建设集大屏数据服务与展示、座席操作、会商决策、游客投诉和受理处置等功能为一体的县域智慧旅游城市指挥中心，整合包括但不限于县域智慧城市管理中心、县域网格化服务中心、县公安110服务中心、县应急指挥中心、县智能交管服务中心等资源。建设为一体的游客综合服务中心。

（3）智慧旅游城市集散中心（智慧旅游城市会客厅）。基于5G、人脸识别、RFID（射频识别技术）、LBS（基于位置服务）等新技术，建设集投诉咨询、旅游信息查询、旅游景区预约预订、酒店客房预订、票务预订、旅游集散换乘、景点活动推介、移动支付、机场快线、互动体验、智能导航导览导游等"吃住行游购娱"为一体的游客综合服务中心。

（4）县（市、区）域智慧文旅宣传营销平台。建设集县域门户网站、自媒体等新兴媒体、社交体验、旅游产品销售、游客资源分析、互动营销、精准营销、品牌推广、智能导购、智能优惠券等功能为一体的宣传营销平台，提供信息发布和宣传，提供多渠道旅游产品销售，提供消费和客流等趋势分析与预测，具备为县域城市品牌推广、策略制定、活动策划、危机公关、新产品研发提供数据支撑的能力。

（5）县（市、区）域智慧文旅综合管理平台。在满足"互联网＋监管"的基础上，建设满足个性化需求的 SaaS（软件即服务）模式综合管理系统，实现客流管理、交通管理、产业监测、运行监测、应急指挥调度、安全预警等功能。

（6）智慧文旅诚信体系。建设涵盖区块链文旅金融、文化艺术品（文物、非遗作品）版权溯源确权和版权数字交易、文创产品正品验证、高可信性度评价等核心系统的智慧文旅诚信体系，为文旅从业者和公众带来显著的体验升级。

（7）智慧住宿。运用 5G、人工智能、物联网、人脸识别等新技术，对星级饭店、精品饭店、文化主题饭店、绿色饭店、精品民宿、星级农家乐等住宿进行智慧化建设或改造，应涵盖人工智能前台自助机器人、送物机器人、人脸识别开门、手机开门、人脸识别乘梯等功能和技术集成，为游客提供便捷、安全的深层次无接触服务。

（8）智慧自驾游露营地。运用 5G、人工智能、物联网、人脸识别等新技术，建设涵盖智慧房车管理系统（运用新技术链接房车内的空调、灯光等智能化设备，实现一键控制、远程点餐、在线报修等）、在线营地预约预定、房车预定、户外旅游和拓展活动预定、营地周边旅游信息智能推送、美文游记互动群等重要功能和服务的智慧自驾游露营地。

2. 智慧景区建设。结合文化和旅游部关于《智慧旅游景区建设指南》，按照《智慧旅游景区建设规范》，依托 5G、大数据、物联网、人工智能、流媒体等新技术，实现景区动态监控、实时监测和预警、应急管理、智能调度、安全防护智慧化管理手段。以智慧旅游景区建设为突破口，与"智游天府"文化和旅游公共服务平台应用推广相融合，推动其他业态智慧化建设。

（1）基础支撑。加大光纤网络、无线网络、物联网等网络支撑，建设具备数据采集、存储、共享交换、保护和分析等功能的大数据中心，建设集大屏展示、座席操作、会商决策为一体的指挥调度中心，建设具备客流预测、营销推荐、游客画像、决策支持的旅游大数据应用平台，建设视频监控系统、公共广播系统、智能停车系统、信息发布系统、地理信息系统，实现信息安全保护。

（2）智慧景区综合管理平台。建设智慧景区综合管理平台，实现设备设施管理、客流管理、景区内外交通管理、停车场管理、厕所管理、产业运行监测管理、指挥调度管理、协同办公管理等。

（3）智慧景区公共服务平台。建设智慧景区公共服务平台，实现游客投诉咨询、景区导航导览、景区内业态及产品预约预订、电子支付、游客评价、便捷服务等。支持建设包括沉浸式非遗展演、沉浸式主题乐园、沉浸式戏剧、远程全息投影舞台剧、沉浸式特色小镇、沉浸式特色体验街区等在内的沉浸式文旅展演项目，提高游客体验互动。

（4）智慧景区营销宣传平台。建设智慧景区营销宣传平台，通过直销、分销等方式，实现产品销售和OTA（线上旅行社）对接，对票务进行管理，通过多渠道进行线上线下一体化宣传推广，实现营销数据的分析和客流数据预测。

（5）智慧景区资源保护平台。建设智慧景区资源保护平台，实现生物监测保护、文物监测保护、环境气象监测等。

（6）智慧景区安全管理平台。建设智慧景区安全管理平台，实现客流量监测管控、游客行为监测预警、景区安防监控、消防监测预警、建筑防火监测预警、地质灾害监测预警等。

3. 其他场馆建设。包括数字文化馆、数字图书馆、数字非物质文化遗产馆等，也可参照智慧景区建设内容，建设智慧展馆、线上3D数字场馆等。

四、申报方式

按照四川省人民政府总体部署和文化和旅游厅、经济和信息化厅对"新基建"建设要求,对标数字经济典型应用场景、新型信息消费试点示范、省级新型智慧城市试点示范、智慧旅游城市、智慧旅游景区等建设标准,遵循自愿原则,在全省各县(市、区)进行文旅重大数字化基础设施和产业技术创新设施建设,智慧旅游城市、智慧旅游景区"新基建"典型应用建设。

针对文旅数字化新基建建设、智慧旅游城市和智慧景区建设方面的典型单位,由所属县(市、区)人民政府、4A级及以上旅游景区主体、承建单位(企业)向市(州)人民政府进行申报,经所在市(州)人民政府初审后推荐报送至文化和旅游厅。文化和旅游厅将联合经济和信息化厅对各市(州)推荐的申报材料进行严格审查,成立由省直相关部门及有关专家组成的评审组,以评价表作为评分依据,采取申报单位陈述答辩、评审组现场打分、网上公示、综合排名等方式,确定最终入选名单。

其中:

文旅新型基础设施建设类:面向文旅行业的重大信息基础设施、前沿引领技术创新平台、产业技术创新平台等新型基础设施建设主体,每年评选3~4个文化和旅游新型基础设施建设典型单位,3年评选共计10个。

智慧旅游城市:以县(市、区)级为主体,对照《县域智慧旅游城市建设指南》,每年评选5个"智慧旅游城市",3年评选共计15个。

智慧景区类:4A级及以上旅游景区可按照《智慧旅游景区建设规范》,每年评选35个"优秀智慧景区",3年评选共计105个。

五、激励政策

文化和旅游厅、经济和信息化厅将对申报典型单位成功的主体,在项目申报、品牌创建、宣传推广、人才培训等方面按照相关要求和程序给予支持。

附录 3

"智游天府"文化和旅游公共服务平台建设
三年工作方案 （2022—2024 年）

为贯彻落实国家《"十四五"旅游业发展规划》《关于深化"互联网＋旅游"推动旅游业高质量发展的意见》《"十四五"文化和旅游科技创新规划》和《四川省"十四五"文化和旅游发展规划》，加快推进"智游天府"文化和旅游公共服务平台（以下简称"智游天府"平台）建设及应用，进一步发挥科技支撑和引擎作用，创新推动全省文旅数字化发展，特制定本方案。

一、建设目标

（一）总体目标

通过二年努力，在优化提升原有系统的基础上，建设 59 个子系统，全面完成功能完善、运转高效、方便快捷的"智游天府"平台建设，基本实现全省文化旅游公众服务、综合管理、宣传推广的全面智慧化，即公共服务"一键通"、行业监管"无盲区"、文旅宣传"快精准"的目标。

（二）分项目标

公众服务：在全面保障公益服务基础上，实现重要旅游景区、旅游住宿、文博场馆、娱乐场所等主体的市场化应用服务，注册用户、服务人次、经营收入等居全国同类平台前列，基本用户达到 600 万人，服务超1.5 亿人次。

管理应用：实现所有业务流程平台运转、行业监管平台跟踪、综合执法平台办理、工作督办平台完成。

宣传推广：实现信息汇集的"总数据库"，形成"四川文旅宣传素材库"；信息加工的"中央厨房"，形成"四川文旅宣传成品库"；信息发布的"分发中心"，形成"文旅宣传推广媒体矩阵"。

大数据中心：实现全省文旅数据标准（字典）体系完善，数据多源汇集、实时共享，建成大数据专业分析平台，动态预测预警，按需形成全省综合性数据报告、专业性数据报告，为行政决策提供坚强支撑。

（三）年度目标

2022年为起步攻坚年，实现全省文旅行业的业务流程超过70％线上运行。新建35个业务子系统，优化提升和推广应用已建子系统。OA协同办公拓展至直属单位、市（州）部门，厅机关实现50％的非涉密办公会议无纸化。推动"智游天府"管理端市（州）标准版建设应用，实现省市基础数据共享。开展"互联网＋监管"行业体系建设。完成4A级以上旅游景区"三码合一"数据整合应用。

2023年为拓展深化年，实现全省文旅行业的业务流程90％线上运行。新建24个业务子系统。OA协同办公拓展至部分县级。厅机关实现80％的非涉密办公会议无纸化。推动"智游天府"管理端市（州）标准版建设应用，实现省市与50％的县基础数据共享。发挥"互联网＋监管"行业体系效能，基本实现行业市场监管平台跟踪。推进等级图书馆、文化馆、博物馆和部分3A级旅游景区"三码合一"。

2024年为提升完善年，实现全省文旅行业的业务流程100％线上运行。全面优化"智游天府"平台的基础建设和推广应用。厅机关实现100％的非涉密办公会议无纸化。推动"智游天府"管理端市（州）标准版建设应用，实现省市县基础数据共享。实现"智游天府"平台"管用、实用、好用"的目标，力争成为全国文旅数字化、网络化、智能化建设的典型示范。

二、主要任务

建设任务可分为政务运行、事业发展、产业发展、行业服务、市场监督与执法、品牌与宣传、党群建设七个方面。

（一）政务运行

1. 新建 24 个子系统。

2022 年，完成日常办公板块中的工作计划、工作督办、出差与请休假、文旅会议、文旅发展动态、资料库、资料报送、节庆论坛 8 个子系统；财务统计板块中的综合统计（含抽样调查）1 个子系统；服务保障板块中的会议室管理、办公用品申领、固定资产申领、办公用房变动申报、公务租车 5 个子系统。

2023 年，完成日常办公板块中的投票选举 1 个子系统；政策法规板块中的合法性审核（查）、文旅政策一点通 2 个子系统；行政审批/审计板块中的行政许可、审计 2 个子系统；人事管理板块中的人事任命、职称评审、表彰奖励、干部培训 4 个子系统；财务统计板块中的采购合同管理 1 个子系统。

2. 提升 9 个子系统（含文旅大数据中心）。

2022 年完成日常办公板块中的 OA 协同办公、领导日程、公文交换、意见反馈 4 个子系统；政策法规板块中的政策法规（"三库"）1 个子系统；财务统计板块中的项目申报、预算管理 2 个子系统；服务保障板块中的食堂用餐 1 个子系统。

提升拓展文旅大数据中心。2022 年统一用户体系，规范应用接入，实现各级文旅大数据中心与省"智游天府"平台的对接，提升数据要素的应用效能，提供数据报告；2023 年加强对数据的研究与应用，在数据标准、共享交互、产品规划、市场营销、公共服务等方面建立基于大数据分析的辅助决策机制，强化数据安全，提高数据规范性和安全性，加强个人隐私保护；2024 年依托文旅大数据中心实现文旅产业"家底清、数据明、互享易、服务准、决策快"。

（二）文化事业

1. 新建 9 个子系统。

2022 年完成文物保护和利用板块中的综合管理、文物保护、考古工作展示、革命文物、博物馆、服务保障 6 个子系统；艺术板块中的文艺展演、美术馆 2 个子系统；非物质文化遗产板块中的非物质文化遗产系统 1 期内容（含非遗馆评估、传承人员记录、项目申报等）。

2023 年完成非物质文化遗产板块中的非物质文化遗产系统 2 期内容（含传承人记录、非遗线上商城等）。

2024 年完成非物质文化遗产板块中的非物质文化遗产系统 3 期内容（含线上非遗馆建设等、记录成果存储和查询等）。

2. 提升 1 个子系统。

2022 年完成艺术板块中的四川艺术基金 1 个子系统。

（三）文旅产业

1. 新建 5 个子系统。

2023 年完成规划指导板块中的县域旅游发展品牌、工作进度管理、规划编制工作信息 3 个子系统；产业发展板块中的政策专区、文旅消费数据监测 2 个子系统。

2. 提升 5 个子系统。

2022 年完成规划指导板块中的天府旅游名县服务管理、全域旅游示范区工作管理、资源普查 3 个子系统；产业发展板块中的园区/基地管理、重点项目 2 个子系统。

（四）行业服务

1. 新建 7 个子系统。

2022 年完成科技教育板块中的晾晒台、科研申报、信息化、艺术培训考级 4 个子系统；资源开发板块中的景区精细化管理 1 个子系统；公共服务板块中的公共文化服务综合申报 1 个子系统。

2023 年完成科技教育板块中的标准化 1 个子系统。

2. 提升 17 个子系统。

2022 年完成科技教育板块中的人才与培训、专家库、研学旅行 3 个子系统；资源开发板块中的"天府文创"展示推广、旅游度假区管理、生态旅游示范区管理、特色小镇管理、乡村旅游管理、旅游商品管理、旅游景区假日填报 7 个子系统；公共服务板块中的图书馆服务、文化馆服务、全民阅读服务、艺术普及服务、旅游厕所服务、文旅志愿服务、文旅能人 7 个子系统。

（五）监管与执法

1. 新建 10 个子系统。

2022 年完成行业管理板块中的假日运行监测、信用管理、应急处置 3 个子系统；综合执法监督板块中的举报投诉、执法指导、执法规范、执法动态 4 个子系统。

2023 年完成行业管理板块中的市场监管、文明旅游、市场主体 3 个子系统。

2. 提升 2 个子系统。

2022 年完成行业监管板块中的诚信管理、综合填报 2 个子系统。

（六）品牌与宣传

1. 新建 3 个子系统。

2022 年完成国际交流与合作板块中的重大交流活动数据库、入境游项目资源库的搭建。

2023 年完成国际交流与合作板块中的交流与合作、营销与推广、入境游激励 3 个子系统。

2. 提升 4 个子系统（含平台）。

2022 年完成宣传推广板块中的宣传推广平台、网评分析、舆情监管 3 个子系统，公众服务板块中的公众服务平台 1 个子系统。

（七）党群建设

1. 新建 1 个子系统。

2023 年完成党群建设板块中的党群平台 1 个子系统。

三、保障措施

（一）明确任务分工、落实工作责任

按照"管业务、管网络""管线下、管线上"的基本原则，各处（室、局）、各单位要切实履行业务数字化工作职责，落实分管负责人，安排专人做好系统建设、提升及应用任务联络，按照工作时间要求倒排计划，确保任务落实到位。

（二）推动数据接入、落实对接机制

按照"应接尽接"的原则，通过提升优化原有系统、新建新增业务系统的方式，各处（室、局）、各单位配合梳理所涉业务数据类型、字段，规范对接频次、范围，形成数据对接协同机制，为全行业数据汇聚共享打好基础。

（三）加强操作培训、落实业务应用

按照"开发完成交付一个、组织应用培训一批"的原则，科技教育处要牵头做好对厅领导、各市州领导和科（处、室）负责人分层次、系列化、针对性的应用操作培训。每建设一个系统，必须做好应用培训，确保相关人员熟练操作、落实使用。

（四）强化经费保障、落实年度安排

要坚持"加强规划、厉行节约、规范程序、注重绩效"的原则，根据年度建设提升任务，做好资金预算、项目申报等工作。要强化项目统筹，确保按需建设，严禁重复建设。

（五）建立晾晒机制、加强成效考核

按照"谁管理、谁晾晒"的原则，针对业务工作需求、线上运行情况及各子系统应用情况等进行晾晒打榜，由领导带头使用、查看指标数据、传导责任压力，将重要晾晒内容纳入工作成效考核。

参考文献

[1] 陈铖，朱举. 5G背景下数字文旅发展策略研究——以成都"夜游锦江"为例 [J]. 西部广播电视，2020 (9)：55—56.

[2] 陈琳琳，徐金海，李勇坚. 数字技术赋能旅游业高质量发展的理论机理与路径探索 [J]. 改革，2022 (2)：101—110.

[3] 陈晓东，杨晓霞. 数字经济发展对产业结构升级的影响——基于灰关联熵与耗散结构理论的研究 [J]. 改革，2021 (3)：26—39.

[4] 陈晓红，李杨扬，宋丽洁，等. 数字经济理论体系与研究展望 [J]. 管理世界，2022，38 (2)：208—224.

[5] 陈晔，贾骏骐. 数字经济下旅游目的地发展的新路径 [J]. 旅游学刊，2022，37 (4)：6—8.

[6] 戴斌. 数字时代文旅融合新格局的塑造与建构 [J]. 人民论坛，2020 (Z1)：152—155.

[7] 邓维. 移动互联网对智慧旅游的影响分析 [D]. 成都：电子科技大学，2014.

[8] 冯学钢，梁茹. 促进我国在线新文旅市场主体建设的对策建议 [J]. 旅游学刊，2021，36 (7)：1—3.

[9] 韩璐，陈松，梁玲玲. 数字经济、创新环境与城市创新能力 [J]. 科研管理，2021，42 (4)：35—45.

[10] 郝康理，柳建尧. 智慧旅游导论与实践 [M]. 北京：科学出版社，2014.

［11］洪江，周道华. 文旅融合背景下的智慧景区标准化建设探讨［J］.信息技术与标准化，2019（8）：56—60.

［12］胡佳豪. 公共文旅云平台服务供给问题及对策研究——以"湖南公共文旅云"平台为例［J］.图书馆理论与实践，2020（4）：53—57.

［13］胡优玄. 基于数字技术赋能的文旅产业融合发展路径［J］.商业经济研究，2022（1）：182—184.

［14］黄鹏，陈靓. 数字经济全球化下的世界经济运行机制与规则构建：基于要素流动理论的视角［J］.世界经济研究，2021（3）：3—13.

［15］黄萍，罗鉴，张玥. 数字文旅产业：内涵功能、结构体系与实践路径［M］//李志勇. 四川旅游绿皮书：2019—2020四川旅游发展报告. 成都：四川人民出版社，2021：152—162.

［16］黄萍，周道华，洪江. 四川智慧旅游建设的创新与实践［M］//李志勇. 四川旅游绿皮书：2019—2020四川旅游发展报告. 成都：四川人民出版社，2021：137—151.

［17］黄思思. 国内智慧旅游研究综述［J］.地理与地理信息科学，2014，30（2）：97—101.

［18］黄松，李燕林，戴平娟. 智慧旅游城市旅游竞争力评价［J］.地理学报，2017，72（2）：242—255.

［19］黄潇婷. 数字经济下旅游决策逻辑变化与重构［J］.旅游学刊，2022，37（4）：8—9.

［20］姜艳艳. 互联网背景下区域数字文旅的创新发展策略［J］.社会科学家，2021（9）：40—44.

［21］焦帅涛，孙秋碧. 我国数字经济发展测度及其影响因素研究［J］.调研世界，2021（7）：13—23.

［22］金卫东. 智慧旅游与旅游公共服务体系建设［J］.旅游学刊，2012，27（2）：5—6.

［23］荆文君，孙宝文. 数字经济促进经济高质量发展：一个理论分析框架［J］.经济学家，2019（2）：66—73.

［24］李君轶，高慧君．信息化视角下的全域旅游［J］．旅游学刊，2016，31（9）：24－26．

［25］李萌．基于智慧旅游的旅游公共服务机制创新［J］．中国行政管理，2014（6）：64－68．

［26］李晓华．数字经济新特征与数字经济新动能的形成机制［J］．改革，2019（11）：40－51．

［27］李雪，吴福象，竺李乐．数字经济与区域创新绩效［J］．山西财经大学学报，2021，43（5）：17－30．

［28］李云鹏，胡中州，黄超，等．旅游信息服务视阈下的智慧旅游概念探讨［J］．旅游学刊，2014，29（5）：106－115．

［29］李宗显，杨千帆．数字经济如何影响中国经济高质量发展？［J］．现代经济探讨，2021（7）：10－19．

［30］刘安乐，杨承玥，明庆忠，等．中国文化产业与旅游产业协调态势及其驱动力［J］．经济地理，2020，40（6）：203－213．

［31］刘红军．物联网等信息技术下旅游系统创新研究［D］．贵阳：贵州财经大学，2013．

［32］刘军，杨渊鋆，张三峰．中国数字经济测度与驱动因素研究［J］．上海经济研究，2020（6）：81－96．

［33］刘淑春．中国数字经济高质量发展的靶向路径与政策供给［J］．经济学家，2019（6）：52－61．

［34］刘洋，董久钰，魏江．数字创新管理：理论框架与未来研究［J］．管理世界，2020，36（7）：198－217．

［35］刘洋，肖远平．数字文旅产业的逻辑与转型——来自贵州的经验与启示［J］．理论月刊，2020（4）：104－110．

［36］刘玉堂，高睿霞．文旅融合视域下乡村旅游核心竞争力研究［J］．理论月刊，2020（1）：92－100．

［37］马晓东．数字化转型方法论：落地路径与数据中台［M］．北京：机械工业出版社，2021．

［38］马岩，郑建明，王翠姣. 媒体融合视角下的智慧公共文化服务策略［J］. 图书馆论坛，2020，40（9）：20—27.

［39］逄健，朱欣民. 国外数字经济发展趋势与数字经济国家发展战略［J］. 科技进步与对策，2013，30（8）：124—128.

［40］裴长洪，倪江飞，李越. 数字经济的政治经济学分析［J］. 财贸经济，2018，39（9）：5—22.

［41］戚聿东，肖旭. 数字经济时代的企业管理变革［J］. 管理世界，2020，36（6）：135—152.

［42］乔向杰. 智慧旅游赋能旅游业高质量发展［J］. 旅游学刊，2022，37（2）：10—12.

［43］宋瑞. 数字经济下的旅游治理：挑战与重点［J］. 旅游学刊，2022，37（4）：11—12.

［44］唐琳. 文旅新基建中少数民族文化消费数字化研究［J］. 广西民族大学学报（哲学社会科学版），2020，42（5）：74—79.

［45］汪阳洁，唐湘博，陈晓红. 新冠肺炎疫情下我国数字经济产业发展机遇及应对策略［J］. 科研管理，2020，41（6）：157—171.

［46］王军，朱杰，罗茜. 中国数字经济发展水平及演变测度［J］. 数量经济技术经济研究，2021，38（7）：26—42.

［47］王锰，钱婧，郑建明. 标准化推进智慧文旅服务融合：基于标准规范文本的比较研究［J］. 图书馆建设，2022（3）：152—160.

［48］王淼，经渊. 智慧公共文化服务云平台构建研究［J］. 数字图书馆论坛，2019（2）：43—50.

［49］魏翔. 数字旅游——中国旅游经济发展新模式［J］. 旅游学刊，2022，37（4）：10—11.

［50］邬江. 数字化视域下文旅融合推动智慧旅游创新研究［J］. 经济问题，2022（5）：75—81.

［51］吴海燕. 以智慧旅游视野发展全域旅游的理论和实践［J］. 经济问题探索，2018（8）：60—66.

[52] 夏杰长，贺少军，徐金海. 数字化：文旅产业融合发展的新方向
[J]. 黑龙江社会科学，2020（2）：51—55.

[53] 夏杰长，刘诚. 数字经济赋能共同富裕：作用路径与政策设计 [J].
经济与管理研究，2021，42（9）：3—13.

[54] 夏蜀. 数字生态平台下的文旅金融服务体系构建 [J]. 云南社会科
学，2021（4）：110—116.

[55] 夏蜀，陈中科. 数字化时代旅游场景：概念整合与价值创造 [J].
旅游科学，2022，36（3）：1—16.

[56] 徐岸峰，任香惠，王宏起. 数字经济背景下智慧旅游信息服务模式
创新机制研究 [J]. 西南民族大学学报（人文社会科学版），2021，
42（11）：31—43.

[57] 徐岸峰. 基于网络平台的智慧旅游服务模式研究 [D]. 哈尔滨：哈
尔滨理工大学，2019.

[58] 徐翠蓉，赵玉宗，高洁. 国内外文旅融合研究进展与启示：一个文
献综述 [J]. 旅游学刊，2020，35（8）：94—104.

[59] 徐菲菲，何云梦. 数字文旅创新发展新机遇、新挑战与新思路 [J].
旅游学刊，2021，36（7）：9—10.

[60] 徐菲菲，黄磊. 景区智慧旅游系统使用意愿研究——基于整合
TAM 及 TTF 模型 [J]. 旅游学刊，2018，33（8）：108—117.

[61] 徐望. 公共数字文化建设要求下的智慧文化服务体系建设研究 [J].
电子政务，2018（3）：54—63.

[62] 许峰，李帅帅，齐雪片. 大数据背景下旅游系统模型的重构 [J].
旅游科学，2016，30（1）：48—59.

[63] 许恒，张一林，曹雨佳. 数字经济、技术溢出与动态竞合政策 [J].
管理世界，2020，36（11）：63—84.

[64] 许宪春，张美慧. 中国数字经济规模测算研究——基于国际比较的
视角 [J]. 中国工业经济，2020（5）：23—41.

[65] 杨勇，邬雪. 从数字经济到数字鸿沟：旅游业发展的新逻辑与新问

题［J］. 旅游学刊，2022，37（4）：3—5.

［66］姚国章. "智慧旅游"的建设框架探析［J］. 南京邮电大学学报（社会科学版），2012，14（2）：13—16.

［67］湛研. 智慧旅游目的地的大数据运用：体验升级与服务升级［J］. 旅游学刊，2019，34（8）：6—8.

［68］张红梅，梁昌勇，徐健. "旅游＋互联网"背景下的智慧旅游云服务体系创新［J］. 旅游学刊，2016，31（6）：12—15.

［69］张建涛，王洋，刘力钢. 大数据背景下智慧旅游应用模型体系构建［J］. 企业经济，2017，36（5）：116—123.

［70］张凌云，黎巎，刘敏. 智慧旅游的基本概念与理论体系［J］. 旅游学刊，2012，27（5）：66—73.

［71］张凌云. 智慧旅游：个性化定制和智能化公共服务时代的来临［J］. 旅游学刊，2012，27（2）：3—5.

［72］张勋，万广华，张佳佳，等. 数字经济、普惠金融与包容性增长［J］. 经济研究，2019，54（8）：71—86.

［73］赵国栋，许正中，徐昊，等. 产业互联网［M］. 北京：机械工业出版社，2016.

［74］赵国栋. 数字生态论［M］. 杭州：浙江人民出版社，2018.

［75］赵磊. 数字经济赋能旅游业高质量发展的内涵与维度［J］. 旅游学刊，2022，37（4）：5—6.

［76］赵涛，张智，梁上坤. 数字经济、创业活跃度与高质量发展——来自中国城市的经验证据［J］. 管理世界，2020，36（10）：65—76.

［77］郑憩. 加快推进数字文旅产业高质量发展［J］. 宏观经济管理，2020（12）：63—68.

［78］周锦，王廷信. 数字经济下城市文化旅游融合发展模式和路径研究［J］. 江苏社会科学，2021（5）：70—77.